新形势下的中欧经贸关系研究

苑生龙◎著

中国言实出版社

图书在版编目(CIP)数据

新形势下的中欧经贸关系研究 / 苑生龙著. -- 北京：
中国言实出版社，2023.11
ISBN 978-7-5171-4688-9

Ⅰ.①新… Ⅱ.①苑… Ⅲ.①对外经济关系—研究—
中国、欧洲 Ⅳ.①F125.55

中国国家版本馆CIP数据核字（2023）第214423号

新形势下的中欧经贸关系研究

责任编辑：张　朕
责任校对：史会美

出版发行：中国言实出版社
　　地　　址：北京市朝阳区北苑路180号加利大厦5号楼105室
　　邮　　编：100101
　　编辑部：北京市海淀区花园路6号院B座6层
　　邮　　编：100088
　　电　　话：010-64924853（总编室）　010-64924716（发行部）
　　网　　址：www.zgyscbs.cn　　电子邮箱：zgyscbs@263.net

经　　销：新华书店
印　　刷：北京虎彩文化传播有限公司
版　　次：2023年12月第1版　　2023年12月第1次印刷
规　　格：710毫米×1000毫米　　1/16　　12.25印张
字　　数：141千字

定　　价：58.00元
书　　号：ISBN 978-7-5171-4688-9

∘— 目 录

第一部分　前言

一、背景与意义

本书从历史和现状角度出发，全面探讨中欧经贸关系的演变历程，以期为中欧经贸合作的未来发展提供有益的启示。首先回顾了中欧经贸关系的历史背景，包括双方在贸易、投资、科技等领域的互动与合作。在此基础上，细致梳理了自 2019 年欧方提出中欧关系"三重定位"以来，欧盟出台的一系列内外政策，深入研判欧方政策对中欧关系带来的不确定性挑战，以及如何通过有效的政策和战略来应对这些挑战。同时，本书也深入探讨了中欧在数字经济、绿色发展等新兴领域的合作机遇空间，提出进一步推动中欧经贸关系深化与拓展的思路与建议。

面对世界百年未有之大变局加速演进，中欧自身繁荣稳定及多领域合作对全球经济与政治均具有重大意义。因此，本书通过对新形势下的中欧经贸关系的深入研究，旨在为政策制定者、学术界和企业界提供有益的借鉴和启示，共同推动中欧经贸关系的可持续发展，为全球经济繁荣做出贡献。在撰写本书的过程中，得到了许多专家学者的宝贵意见和建议，对此表示衷心的感谢。同时，也期待读者们能从本书中获得有用信息及有益启示。

二、内容与范围

本书研究的内容与范围主要包括以下几个方面：

历史与现状：研究中欧经贸关系的发展历程，包括贸易、投资、科技等多领域合作关系的演变，以及在新形势下出现的新情况、新趋势、新问题。

机遇与挑战：分析新形势下寻求与拓展新机遇的途径与策略，以及中欧经贸关系所面临的挑战，如贸易摩擦、地缘政治风险、环境问题等。

新兴领域合作：探讨中欧在数字经济、绿色发展、创新科技等新兴领域的合作空间和前景。

政策与战略：梳理近年来欧盟出台的系列法律、政策及文件，研究中欧经贸合作面临的新时期政策环境，评估中欧战略环境、政策环境调整对双方合作带来的风险挑战与机遇空间，分析相关对策的有效性和可行性，为对欧政策的完善优化提供建议。

全球经济治理与中欧合作：分析新形势下的全球经济治理体系对中欧经贸关系的影响，探讨双方加强合作、共同应对全球性挑战的思路与对策。

三、目的与任务

本书的研究目的和任务主要包括以下几个方面：

（一）全面深入地了解新形势下的中欧经贸关系，准确把握双方经贸关系的动态变化与未来趋势，为政策制定者、学者和企业界提供有益的参考和启示。

（二）通过分析新形势下中欧经贸合作面临的干扰与挑战，特别是地缘纷争、市场准入、知识产权保护、贸易摩擦、碳边境税、投资安全审查等问题，为正确认识与有效应对这些问题提出政策建议，为进一步从政策与战略层面把握中欧合作方向提供参考。

（三）拓展中欧经贸合作的机遇空间，提高中欧经贸合作的效益与价值。探寻新形势下中欧双方在市场准入、贸易便利化、技术创新等方面的合作机遇，提高双方企业等合作主体的竞争力与创新能力，提升中欧合作的效益，实现互利共赢。

（四）揭示中欧经贸合作在推进全球经济治理中的作用和意义，为推动全球经济繁荣做出贡献。

第二部分　中欧经贸关系的历史进程回顾

一、古代中欧商贸关系

（一）丝绸之路时期的中欧商贸往来

丝绸之路是连接古代中国、中亚、印度、波斯、阿拉伯、希腊、罗马等国家和地区的重要贸易与文化交流通道。西汉时期（公元前202年—公元8年），汉武帝派张骞出使西域（公元前139年），开辟了以长安（今西安）为起点，经甘肃、新疆到中亚、西亚，并连接地中海各国的陆上通道。1877年，德国地质地理学家李希霍芬（Richthofen，1833—1905）在其所著的《中国亲程旅行记》一书中，把"从公元前114年至公元127年间，中国与中亚、中国与印度间以丝绸贸易为媒介的这条西域交通道路"命名为"丝绸之路"，这一名词随后被学术接受并正式运用①。

公元97年（永元九年），东汉军事、外交家班超派副使甘英出使

---

① 人民网，2014年2月17日、2015年4月15日相关专题报道。

大秦国（罗马帝国），一直到达条支海（今波斯湾），首次使丝绸之路从亚洲延伸到了欧洲。直至 15 世纪，丝绸之路均是中欧间贸易往来的重要通道。中国所产丝绸、瓷器、茶叶、香料等商品通过中亚传至欧洲，而欧洲的玻璃器皿、毛皮及纺织品、金属制品等也传入中国。

陆上丝绸之路的贸易往来促进了中欧各国之间的经济、文化交流，为古代中欧经贸关系的发展奠定了基础。丝绸之路时期的中欧经贸关系具有深远的历史意义，这一关系的发展促进了两地的经济繁荣、文化交流和技术传播。从对双方经济的影响看，丝绸之路时期的中欧贸易促进了双方的经济繁荣。贸易往来带动了沿线城市的兴起，如长安、撒马尔罕① 等。此外，贸易活动也推动了货币流通和金融制度的发展，为双方的经济繁荣提供了重要支撑。从文化与技术交流看，丝绸之路不仅是一条商业通道，更是一条文化交流的大道。在贸易往来过程中，两地的文化、宗教、科技等在相互交流中得到融合发展，佛教、基督教等宗教也因此得到相互传播。

（二）海上丝绸之路时期的中欧贸易

"海上丝绸之路"是 1913 年由法国东方学家沙畹（Chavannes，1865—1918）在《西突厥史料》中首次提出。海上丝路萌芽于商周，发展于春秋战国，形成于秦汉，兴于唐宋，转变于明清，是已知最为古老的海上航线。在唐朝中期以前，中国对外主通道是陆上丝绸之路，之后由于战乱及经济重心转移等原因，海上丝绸之路取代陆路成为中外贸易交流主通道。在隋唐时期，海上丝绸之路主要运送的大宗货物

---

① 乌兹别克斯坦第二大城市，中亚最古老的城市之一，古丝绸之路重要枢纽。

是丝绸，到了宋元时期，瓷器出口渐渐成为主要货物，因此又称作"海上陶瓷之路"。此外，由于输出商品有很大一部分是香料，因此也称作"海上香料之路"。从15世纪末到16世纪初欧洲"文艺复兴"时期，伴随着航海技术的快速发展和地理大发现时代的到来，欧洲国家开始积极寻找新的通往亚洲的海上路线，葡萄牙、荷兰、英国等国家的商人陆续来到中国东南沿海地区开展贸易活动。这一时期，海上丝绸之路开始逐渐取代陆路丝绸之路，成为中欧贸易的主要渠道，中欧之间的贸易互动和贸易规模也显著增加。

中欧贸易进入到海上丝绸之路阶段后，在市场需求增长和技术进步的直接带动下，总体呈现出繁荣、多元化和互动性的特点。从商品结构看，中国的丝绸、瓷器、茶叶、香料等在欧洲市场备受欢迎，成为欧洲贵族争相抢购的"高级"商品，而欧洲则向中国出口黄金、银器、纺织品等物品。另外，欧洲地理大发现的一些新农作物品种，如美洲的玉米、马铃薯等农作物也传入中国。自宋元以来，中欧贸易规模逐渐增多，欧洲商人开始大量涌入中国东南沿海的港口，如广州、泉州、福州等地，开展贸易活动。同时中国的商人和使节也开始出现在欧洲，与欧洲国家建立起正式的贸易和外交关系。在这一时期，中欧贸易的频繁互动也带动了文化间的交流。欧洲传教士和学者来到中国学习中华文化，并将其广泛传播到欧洲。同时，中国的文化和技术也对欧洲的科学、艺术和哲学发展产生了深远影响。

二、近代以来的中欧贸易

19世纪中叶到20世纪初，随着欧洲列强的侵略扩张，中国沦为半殖民地半封建国家，中欧经贸关系发生了重大变化。欧洲列强在中国设立租界，利用不平等条约获取特权，控制中国的海关、贸易、铁路等经济命脉。这一时期，中欧贸易虽然规模逐步扩大，但由于不平等贸易关系的存在，中国经济遭到严重损害。

（一）新中国成立前的中欧经贸关系

鸦片战争前（1840 年以前）。清政府通过广州十三行①与主要欧洲国家保持着有限的贸易往来，在此时期，输欧以茶叶、丝绸、瓷器等为主，欧洲输华商品以紫檀、象牙、珐琅、鼻烟、钟表、仪器、玻璃器、金银器、毛织品及宠物等为主，主要供给宫廷贵族。

鸦片战争至甲午战争（1840—1894）。鸦片战争后，中国被迫与英国、法国等欧洲列强签订了一系列不平等条约。如在《南京条约》和《望厦条约》等条约中，中国沿海被迫开放多个通商口岸，外国列强在这些口岸设立租界，进行贸易活动。贸易品种逐渐多样化，中欧贸易规模逐步扩大。然而，这种贸易关系是不平等的，主要表现在关税自主权的丧失、商品流通的不平衡等方面。

甲午战争至全面抗日战争（1894—1937）。甲午战争后，列强对中国的瓜分加剧，更多的通商口岸被迫开放。同时，外国资本进入中国，铁路、矿山、工厂等现代化设施逐渐兴起。在这一时期，中欧贸易关系进一步发展，但仍然存在不平等和剥削性质。辛亥革命后，民主思想在中国逐渐传播，民族意识觉醒。民国政府试图改善贸易环境，

_____

① 清政府在闭关政策下的对外贸易专营垄断机构。1757 年，乾隆皇帝宣布撤销原设的沿海各关，仅留广东的粤海关一口对外通商，史称"天子南库"，至鸦片战争为止，独占中国外贸 85 年，与亚洲、欧洲乃至美国等主要国家保持直接贸易关系。

恢复关税自主权。然而，外国列强继续干涉中国内政，妨碍民国政府的改革。在此期间，中欧贸易关系依然存在诸多问题。

全面抗日战争至新中国成立前（1937—1949）。1937—1949 年间，中国历经全面抗日战争与解放战争，这一时期的中欧经贸关系受到严重影响，发展缓慢。在全面抗日战争时期（1937—1945），日本侵华导致中国国内贸易和对外贸易受到严重冲击，中国沿海地区和部分内陆地区陷入战乱，贸易往来中断。由于战争的影响，中欧贸易规模急剧萎缩。在战争背景下，部分欧洲国家（如英国、苏联等）同中国政府展开了军事援助与经济援助合作。抗日战争结束后，中国开始进入战后恢复阶段。在这个时期，中欧贸易逐渐恢复，贸易往来有所增长。然而，随着国民党挑起内战，中国内部形势动荡不安，对外贸易受到限制。与此同时，解放战争时期的中欧经贸关系仍然受到不平等条约、关税限制等历史问题的困扰，中国面临恢复国民经济、改革关税制度、恢复关税自主权等多重挑战，中国无法集中精力进行经济改革，导致中欧经贸关系的恢复进程受阻。

（二）新中国成立后的中欧关系

新中国成立至改革开放前（1949—1978）。新中国成立后，伴随国民经济的逐步恢复，中国与部分欧洲国家如苏联、东欧社会主义国家等开展了贸易和技术合作。20 世纪 70 年代之后，中国与欧洲，特别是西欧国家的贸易关系进一步改善。1971 年，中国正式成为联合国安理会常任理事国，在国际舞台上的地位显著提升。在此之后，中国与多个西欧国家建立了外交关系。1972 年，中英关系正常化；1973 年，中德关系正常化；1974 年，中法关系正常化；与这些西欧国家建立外交关系，为中欧经贸合作的后续发展打下了重要基础。

（三）中欧建交后的关系发展

1975 年 5 月 6 日，中国和欧洲经济共同体（欧盟前身）正式建立外交关系，标志着中欧贸易关系进入到新的发展阶段。中国是社会主义阵营中最早承认欧共体并与之建立外交关系的国家。此后，中欧贸易规模逐渐增加，贸易商品种类也日益多样化。但总体来看，直至改革开放之前，中欧贸易规模尚不足 64 亿美元[①]，相对各自经济体量依然偏小。

1978 年，中国开始实施改革开放政策，积极参与全球经济体系，与欧洲国家的经贸往来得到迅速发展。1978 年 4 月 3 日，《中国—欧洲经济共同体贸易协定》在布鲁塞尔正式签订。同年，中欧经贸混委会成立。1983 年 11 月 1 日，中国与欧洲煤钢共同体和欧洲原子能共同体分别建立外交关系，自此实现了与欧共体的全面建交。自 1983 年起，双方每年举行定期政治磋商，并在联合国大会期间举行外长级会晤。1985 年，《中欧贸易和经济合作协定》签署，为双方互惠互利合作奠定了法律基础。此后，中国与欧盟及其成员国陆续签订了一系列贸易协议，推动双边贸易规模迅速扩大。1988 年 5 月，欧洲共同体委员会在华设立代表团。至 1989 年，中欧贸易额已由建交时的 24 亿美元增加到 139.8 亿美元，占中国对外贸易总额比重已达到 12.5%。

1994 年，中欧签署政治对话协议。同年，欧盟逐步取消了除军售禁令以外的所有对华制裁措施，中欧贸易进一步回归正轨。1994 年

---

① 数据引自《中欧多领域合作保持良好势头》，《人民日报》，2022 年 3 月 31 日第 3 版。

7月，欧委会发布《通向亚洲新战略》政策文件。11月，欧委会通过《欧洲联盟的亚洲战略》报告，在其中指出"亚洲和欧洲发生的巨大变化，要求欧洲给予亚洲新的优先地位，对亚洲国家采取更加积极和坚定的政策"。此后，欧盟又陆续出台一系列对华政策文件，包括《欧盟—中国关系长期政策》（1995）、《1997年后的欧盟与香港》（1997）、《适合21世纪的积极、开放和全面的伙伴关系》（1998）、《欧盟对华战略》（2001）《与中国建立全面伙伴关系》《欧盟对华战略——1998年文件实施情况及进一步加强欧盟政策的措施》等，全面明确了中国与欧盟战略关系的定位及未来发展方向。

1998年4月，首次中欧领导人会晤在伦敦举行，发表了《关于建立中欧面向21世纪长期稳定的建设性伙伴关系的联合声明》，就建立面向21世纪长期稳定的建设性伙伴关系及年度会晤机制达成共识。在此背景下，中欧贸易加速增长，贸易额2001年跃升至766.3亿美元，占中国对外贸易的比重进一步上升至15%。同期，欧盟对华直接投资占中国利用外资总额比重也达到8.92%。

随着中国加入世界贸易组织（WTO），中欧经贸关系进入新阶段。2003年，欧盟发布《走向成熟的伙伴关系——欧中关系中的共同利益与挑战》，文件中将"中欧全面伙伴关系"改成"成熟的伙伴关系"。同年，中国也发布了首份《中国对欧盟政策文件》，正式确立了中欧全面战略伙伴关系，中欧经贸合作日益深化。双方在贸易、投资、技术合作等方面取得了丰硕成果，成为全球经济增长的重要引擎。在这一阶段，中欧贸易结构不断优化，贸易领域不断拓宽。双方在能源、环保、信息通信、航空航天等新兴产业领域合作不断加强。此外，双方还在全球经济治理、气候变化等重大国际问题上加强协调合作，共同应对全球性挑战。

三、21 世纪以来中欧经贸合作大事年表

21 世纪以来，中欧经贸关系取得了新的显著进展，同时也面临不少新的挑战。双方在贸易、投资、能源、环境保护、基建与互联互通、科技创新等领域取得了丰硕成果。中国加入 WTO 后，中欧双边贸易额不断攀升，中国成为欧盟的重要贸易伙伴，欧盟也是中国最大的贸易伙伴之一。此外，双方在投资领域也取得了积极进展，欧洲企业在中国市场不断扩大投资，中国企业也在欧洲投资领域不断拓展。

2000 年，第三次中欧领导人会晤举行。《中国—欧盟贸易协定》在北京签订，与《中国—美国贸易协定》一起为中国加入世贸组织作了准备。同年，中欧还签署了《中欧投资协议》，有效推动了中欧经贸合作的发展。

2001 年，中国加入世界贸易组织，有力地推动了中国向世界市场的进一步开放，促进中国与欧盟核心成员国等建立更紧密的经贸联系，对中欧经贸关系的发展具有重大意义。2001 年 9 月中欧领导人第四次会晤后，中欧双方签署联合新闻公报明确宣示，中欧将建立全面伙伴关系。

2002 年，第五次中欧领导人会晤。欧盟发表《国家战略报告：中国》，明确对华合作三个重点领域，即支持中国改革，协助中国可持续发展，鼓励中国良治、法治、民权。

2003 年，第六次中欧领导人会晤。中欧签署《中国—欧盟全面战略伙伴关系建设纲要》，明确了双方在政治、经济、社会等领域的全面

合作，为中欧经贸关系发展奠定了基础。

2004 年，第七次中欧领导人会晤。中欧签署《关于建立中欧全面战略伙伴关系的联合声明》。欧盟扩大至 25 个成员国，东扩进程进一步拉近了中欧经贸关系，为中国在扩大后的欧盟市场中带来了更多的商机。

2005 年，中欧建交 30 周年、《中欧贸易和经济合作协定》签署 20 周年。第八次中欧领导人会晤，双方签署《中欧气候变化联合宣言》。中欧贸易额增长至 2173.1 亿美元，欧盟成为中国最大贸易伙伴。同年，欧盟对华外商直接投资占比也上升至 9%。

2006 年，第九次中欧领导人会晤。欧盟发布对华贸易战略文件《竞争与伙伴关系：欧盟—中国贸易与投资政策》，强调以"竞争挑战，公平协商"作为对华贸易的政策核心。同年，欧盟继续保持中国第一大贸易伙伴地位，中欧贸易总额 2723 亿美元，同比增长 25.3%，占同期中国外贸总额 15.5%。欧盟对华投资合同金额 105.8 亿美元，实际投资 53.9 亿美元。截至 2006 年 12 月，欧盟在华累计投资项目 25418 个，合同金额 979.5 亿美元，实际投资 531.8 亿美元，占全国实际引进外资的 8%。

2007 年，在《第十次中欧领导人会晤联合声明》中，中欧双方决定成立副总理级的中欧经贸高层对话机制，讨论中欧贸易、投资和经济合作战略，协调双方在重点领域的项目与研究并制定规划。

2008 年 4 月，中欧经贸高层对话正式启动，并在北京举行首次会议，填补了中美战略经济对话机制和中日高层经济对话机制建立之后中国与欧盟之间在这一领域的空白。同年，欧洲投资银行在中国设立代表处。

2009 年，第十一次中欧领导人会晤①和第十二次中欧领导人会晤。签署《中欧清洁能源中心联合声明》《中欧中小企业合作共识文件》《中欧科技伙伴关系计划》。此外，中欧签署《关于应对全球金融危机的联合声明》，在欧盟各国经济受金融危机影响陷入低迷之际，中国共向欧洲派出 10 个贸易投资促进团。同年，欧盟对华直接投资 59.52 亿美元，超过日本，跃居中国第三大外资来源地。

2010 年，第十三次中欧领导人会晤。升级后的首次高级别战略对话成功举行，中欧之间的战略互信得到进一步巩固和提高；同年，中欧建立气候变化部长级对话；签署《关于特别鼓励中欧中小企业开展能源科研创新合作的联合声明》；中欧创新合作对话机制启动。

2011 年，第十四次中欧领导人会晤②。3 月 19 日，首列中欧班列（重庆—杜伊斯堡）成功开行。同年，《中欧地理标志协定》谈判启动。中欧绿色技术中心成立。

2012 年，第十五次中欧领导人会晤。首次中国—中东欧国家领导人会晤在波兰举行，会晤规划与拓展了中国与中东欧 16 国互利合作（"16+1"合作）的前景与未来。中欧签署《关于建立中欧投资协定谈判的联合声明》。同年 4 月，中欧高级别人文交流对话机制正式启动并举行首次会议。5 月，中欧双方共同举办中欧城镇化伙伴关系高层会议，并联合签署《中欧城镇化伙伴关系共同宣言》，开启了中欧城镇化战略合作新进程。

2013 年 11 月，第十六次中欧领导人会晤。中欧双方签署《中欧

---

① 2008 年中欧领导人会晤因政治原因推迟至 2009 年 5 月举行。

② 第十四次中欧领导人会晤原定于 2011 年 10 月 25 日天津举行，后因欧方欧债危机事务推迟至 2012 年 2 月 14 日在北京举行。

合作 2020 战略规划》《中欧知识产权合作行政协议》《中欧能源安全联合声明》及《关于中欧城市化伙伴关系的联合声明》等系列文件。同年，中欧投资协定谈判正式启动。

2014 年 3 月，国家主席习近平历史性访问欧盟总部，同欧盟领导人就打造中欧和平、增长、改革、文明四大伙伴关系达成重要共识，进一步丰富了中欧全面战略伙伴关系的内涵，为双方关系发展指明了战略方向。同年，中欧启动自由贸易协定探讨。

2015 年，中欧建交 40 周年。第十七次中欧领导人会晤。第五次中欧经贸高层对话。中欧投资协定谈判的文本范围确定，谈判正式进入实质性阶段。同年，中欧还签署《关于气候变化和清洁能源合作的联合声明》《关于建立中欧互联互通平台的谅解备忘录》。

2016 年，第十八次中欧领导人会晤。第六次中欧经贸高层对话。中欧共同发起全球化合作计划。

2017 年，第十九次中欧领导人会晤，中国欧盟领导人会晤机制建立 20 周年；第六次中国—中东欧国家“16+1”领导人会晤；中欧“蓝色年”。

2018 年，第二十次中国欧盟领导人会晤；中国发布第三份《中国对欧盟政策文件》[①]；中欧签署《关于共同推进世界贸易体系改革的联合声明》《中欧领导人气候变化和清洁能源联合声明》；“中国—欧盟旅游年”。

2019 年，第二十一次中欧领导人会晤；欧盟发布《欧中战略前景》，提出中欧关系“三重定位”；中欧共同承诺加强知识产权保护。

---

① 2003 年 10 月，中国发布首份《中国对欧盟政策文件》；2014 年 4 月中国发布第二份对欧政策文件《深化互利共赢的中欧全面战略伙伴关系——中国对欧盟政策文件》。

　　2020年9月14日，《中欧地理标志协定》正式签署[①]。第二十二次中欧领导人会晤（视频）。中欧在抗击新冠疫情中开展团结合作，中国超过美国，首次成为欧盟第一大贸易伙伴。12月30日，中欧达成了《中欧全面投资协定》原则共识。

　　2021年5月，欧洲议会以中国政府对欧盟机构及人员实施了反制裁为由，冻结《中欧全面投资协定》生效进程。

　　2022年，中欧贸易额首次突破8000亿美元。

　　2022年，第二十三次中欧领导人会晤（视频）。

　　2023年，中欧建立全面战略伙伴关系20周年。

---

　　①《中欧地理标志协定》历经8年22轮正式谈判和上百次非正式磋商，耗时超过中欧投资协定谈判。

第三部分 新形势下中欧经贸及多领域关系总体状况

中国是世界上最大的发展中国家和新兴经济体，欧盟是最大的发达国家集团。中欧总辖域面积、人口总数及经济总量分别占全球十分之一、四分之一和三分之一。中欧各为世界舞台上重要一极，双方加强经贸及多领域合作，促进两大力量、两大市场、两大文明的紧密结合，不仅有助于双方经济互补、发挥各自比较优势、提升民众生活水平，也将为世界经济的韧性与发展贡献重要力量。

一、中欧经贸关系的主要特点与趋势

经贸关系是中欧全面战略伙伴关系的重要基石。建交近五十年来，中欧经贸关系总体发展顺利、成果颇丰，是大型经济体间以经贸合作实现互利共赢的成功典范。从历史视角看，中欧关系持续深入发展体现出五个方面的基本特征。未来一个时期，中欧经贸关系也将呈现出五个方面的发展趋势。

（一）中欧经贸关系发展的五大特征

一是互补性。互补性及没有根本性的地缘冲突，是中欧自建交以来经贸关系长期较快发展的两个重要因素。中欧双方在经济结构、产业分布和资源禀赋方面存在较大的互补性。欧洲以高端制造业、科技创新和服务业为主导，而中国在制造业、基础设施建设和劳动力资源方面具有较强的竞争力。双方经贸合作互利共赢，推动彼此经济持续增长。在新的发展阶段，伴随中国经济实力及在世界经济体系中地位的快速上升，中欧间传统的互补格局出现新的调整，但在一些具有战略前景的新兴领域，如新能源、数字技术、节能减排等，中欧间的互补格局依然存在，有望支撑双方在商品贸易、服务贸易和投资领域的合作继续深入发展。专家认为，中欧经贸互补性不是逐步减弱，而是不断增强[①]。中国经济结构转型将提升中欧市场的互补性。例如，未来10年中国产业结构、消费结构、科技结构、贸易结构、城乡结构、能源结构等六大方面的转型可为中欧投资合作提供巨大市场空间。以消费为例，未来5至10年，中国将进入服务型消费社会。预计到2025年，城乡居民服务型消费支出占比将由2022年的43.16%升至50%左右。中国服务型消费潜力的释放将为中欧合作带来更大的互补性。此外，中国正在推进的产业转型升级，尤其是生产性服务业与高端制造业融合的趋势，将为中欧经贸合作带来巨大空间。

二是全面性。中欧经贸关系的深入发展不但体现在规模总量层面，更体现在经贸合作方式上的全覆盖。中欧间双向贸易、双向直接投资、

---

① 迟福林，中欧经贸合作前景可期，《光明日报》，2023年4月11日16版。

项目承包、技术合作（服务贸易）等均实现长足发展，已显著超越了发达经济体与发展中经济体经贸合作单向输出的一般特征。这一特征也是推动中欧间建立贸易与投资自由化政策的经济前提。此外，欧盟涵盖国别众多，使中欧间合作同时具有双边和多边特征。欧盟作为全球范围内一体化程度最高的超国别组织，在贸易、农业、货币等诸多领域具有政策专属权能，这对中欧关系的自由便利化发展带来有益推动。此外，中欧间战略层面的对接协调，如"一带一路"倡议与欧亚互联互通战略、"全球门户"战略等之间的合作与竞争关系，也体现出中欧合作横跨欧亚大陆的区域广泛性特征。

三是高韧性。近年来，中欧经贸关系虽然受到新冠疫情、乌克兰危机和美国频繁发起贸易摩擦等不利因素叠加影响，但双方贸易投资合作始终保持韧性，2022年中欧双边货物贸易额比疫情前的2019年增长近四分之一。其中虽有能源价格上涨、国际运费和欧洲通货膨胀率飙升等客观因素，但与中欧间经贸合作的高度韧性具有密切关联。中国是全世界唯一拥有联合国产业分类中全部工业门类的国家，在产业配套、基础设施和人力资源等方面具有综合性优势。而欧盟是全球最大的发达国家一体化组织，具有不可替代的市场体量。中国提供的品类广泛且物美价廉的生活消费品和电子产品，在一定程度上帮助欧洲普通民众减轻了因通胀造成的负担。此外，中欧班列从2013年开行80列发展到2022年开行1.6万列，在海运价格高企时段为企业供货提供了替代性运输方案。

四是创新性。欧盟具有政策引领优势，而中国在数字、新能源等新兴领域具有后发优势，因此，中欧具有在新兴领域率先实现合作发展的天然条件。中欧双方在科技创新领域的合作日益深入，双方共同推动创新驱动发展战略，为全球经济增长注入新动力。在全球经济增长乏力的情况下，中国加快构建新发展格局，加强营商环境建设，市场优势更加明显。特别是中欧高质量的绿色合作既是全球经济平稳发展的支撑性力量，也为双方加快绿色低碳转型创造了有利条件。2022年，欧盟对华投资达到100亿美元，同比增长96.6%，主要集中在汽车、生物制药技术、化学品和消费品制造等行业。2023年以来，欧企高管纷纷来华推销合作项目，展现了在高科技及先进技术领域加强对华合作的坚定信心。从欧洲国家高层到企业高管，频繁的交往给双方企业带来了相对稳定的合作环境，也取得不少合作机制上的成果。比如，中国与欧盟委员会共同编制《可持续金融共同分类目录》更新版，共建绿色金融合作机制；中法两国同意加快落实第三方市场合作第四轮示范项目清单；中欧地理标志合作也取得很大进展，双方累计实现244个地理标志产品的互认互保。

五是全球性。中欧作为全球经济治理的重要力量，积极参与全球经济治理改革，共同应对全球性挑战，推动全球经济金融体系的稳定与健康发展。2022年12月，习近平主席在会见来访的欧洲理事会主席米歇尔时，进一步强调了中欧关系稳定发展的世界意义。中欧关系的稳定发展不但有利于中欧各自的经济发展，而且能为世界经济注入新增长动力，中欧合作也能为全球文化多样性的保护和推广做出积极贡献。

（二）中欧经贸合作的总体趋势

贸易规模持续扩大。据海关统计数据，自2001年以来，中欧贸易额从不到800亿美元增长到2022年的近8500亿美元（详见表1、

图1），平均每分钟的贸易额超过160万美元。特别是在新冠疫情、乌克兰危机、能源与通胀危机及世界经济大幅波动时期，中欧贸易额始终保持基本稳定，呈现出中欧贸易具有坚实的市场基础及较高韧性。近年来，中欧贸易在全球贸易中的地位不断上升，中欧双方在经贸领域的合作持续深入，未来一个时期，中欧经贸合作，特别是贸易规模有望保持总体稳定并继续发展。

表1　2001—2022年中国—欧盟货物贸易总额情况（亿美元）

年	贸易总额		对欧出口		对欧进口		贸易差额
	总额	增速（%）	总额	增速（%）	总额	增速（%）	
2022	8473.2	5.6	5619.7	11.9	2853.5	−4.9	2766.2
2021	8281.1	19.1	5182.5	23.7	3098.7	12.1	2083.8
2020	6495	−7.9	3909.8	−8.8	2585.5	−6.5	1324.3
2019	7051.1	3.4	4287	4.9	2766	1.1	1521
2018	6821.4	10.6	4086.3	9.8	2735.3	11.7	1351
2017	6169.2	12.7	3720.4	9.7	2448.7	17.7	1271.7
2016	5470.2	−3.1	3390.5	−4.7	2079.7	−0.4	1310.8
2015	5647.5	−8.2	3558.8	4	2088.8	14.5	1470
2014	6151.4	9.9	3708.9	9.4	2442.5	11	1266.4
2013	5590.6	2.1	3390.1	1.1	2200.6	3.7	1189.5
2012	5460.4	−2.2	3339.9	−3.2	2120.5	0.6	1219.4
2011	5671.9	18.3	3559.7	14.4	2111.6	25.4	1448.1
2010	4797.1	31.8	3112.4	31.7	1684.8	31.8	1428.5
2009	3640.9	−14.5	2362.8	−19.3	1278	−3.8	1086
2008	4255.8	19.5	2928.8	19.5	1327	19.6	1601.8
2007	3561.5	30.8	2451.9	34.7	1109.6	22.9	1342.3
2006	2723	25.3	1819.8	26.6	903.2	22.7	916.6
2005	2173.1	22.6	1437	34.1	736	4.9	701.1
2004	1772.9	33.4	1071.6	36.7	701.3	28.7	370.3
2003	1252.2	44.4	721.6	49.7	530.6	37.7	191

年	贸易总额		对欧出口		对欧进口		贸易差额
	总额	增速（%）	总额	增速（%）	总额	增速（%）	
2002	867.5	13.2	482.1	17.9	385.4	7.9	96.7
2001	766.3	11	409.1	7.1	357.2	15.8	51.9

资料来源：根据海关总署历年统计数据整理。

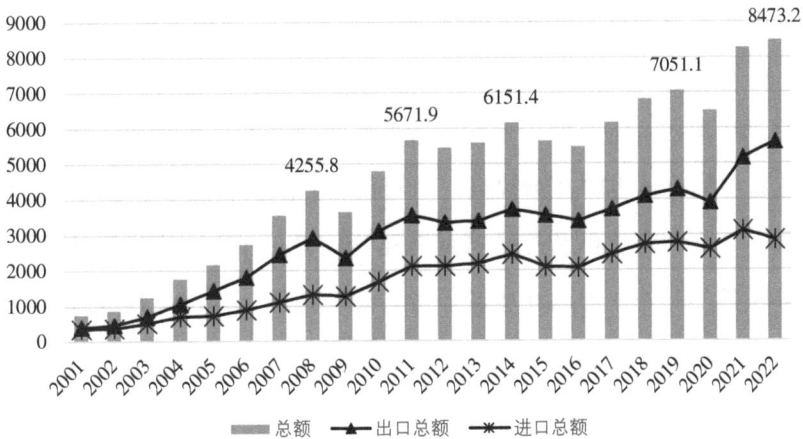

图 1　2001—2022 年中国—欧盟货物贸易总额

资料来源：根据中国海关总署历年数据整理。

贸易结构逐步优化。长期以来，欧洲对中国出口的产品主要包括高端制造、精密设备和化学制品等，而中国向欧洲出口的产品则以机械设备、家电、纺织品和家具等为主。伴随着中欧各自经济结构的持续调整优化，中欧贸易结构也将不断优化，预计双方在高附加值产品、服务贸易和知识密集型产业等领域的合作将不断加强，特别是在锂电池、新能源车、光伏组件等绿色产品贸易的比重将实现快速增长。

投资合作更为密切。近年来，欧洲企业在中国的投资不断扩大，涉及众多领域，如汽车、能源、环保、金融等。与此同时，中国企业也在欧洲市场投资兴建项目，例如基础设施、能源、科技创新等，形成了双向投资的格局。截至 2022 年底，中欧双向投资存量已超 2300 亿美元；2022 年，欧洲对华投资 121 亿美元，同比大幅增长 70%，汽车领域继续成为最大热点；同期中国对欧投资 111 亿美元，同比增长 21%，新增投资集中在新能源、汽车、机械设备等领域。

服务贸易日益活跃。伴随中欧贸易结构的优化升级及中欧投资合作的逐渐深入，将有助于带动服务贸易持续增长，预计服务贸易在中欧贸易中的比重也将逐渐提高。从目前看，欧盟在金融、教育、旅游、运输、文化和科技创新等领域具有竞争优势，而中国市场对这些服务需求旺盛。此外，中国在旅游服务、交通运输、技术出口等领域也具有强大的发展空间。

经贸摩擦与合作持续并存。尽管中欧在贸易、投资等多领域合作日益深入，但双方在贸易不平衡、市场准入、知识产权保护等方面依然存在分歧。特别是在国际经贸格局中地缘政治因素持续强化的时代背景下，中欧间经贸摩擦可能在未来一段时期内不断增加。在贸易失衡方面，欧盟认为与中国的贸易逆差可能导致欧方工作岗位流失和产业空心化；在市场准入方面，中国始终按照既定步骤推进市场准入改革和对外开放，欧方则希望在中国市场获得更多的市场准入机会和投资便利。知识产权保护是中欧经贸摩擦的焦点之一，中国近年来已在知识产权保护方面取得显著进步，欧洲方面关注中国在知识产权保护方面的进展，希望中国加强知识产权法律法规的落实，双方需要进一步加强在知识产权领域的合作与交流；在投资保护方面，随着中欧双向投资的增加，投资保护问题愈发凸显。未来中欧双方需要在投资保护和投资便利化方面加强合作，以实际行动推进《中欧投资协定》最终生效。

二、新形势下中欧贸易

（一）中欧互为重要贸易伙伴

21 世纪以来，在市场需求增长以及各自贸易结构形成的良性互补格局下，中欧贸易关系得到持续深化，已逐渐成长为中欧之间最紧密的利益纽带。欧盟自 2004 年起成为中国第一大贸易伙伴和进口来源地，中国自 2005 年起成为欧盟第二大贸易伙伴和第一大进口来源地。2020 年，在英国脱欧及亚洲区域内贸易加速发展的大背景下，欧盟被东盟取代，退为中国第二大贸易伙伴，同时中国取代美国，首次成为欧盟第一大贸易伙伴。疫情防控期间，中欧贸易格局的调整进一步展现出经贸合作不但是中欧关系的"压舱石"，亦成为特殊时期世界经济的重要稳定源。

特别是近年来，在新冠疫情、乌克兰危机和美国频繁发起贸易摩擦等多重不利因素的叠加影响下，中欧贸易仍保持了较强韧性并实现逆势增长，2022 年中欧双边货物贸易额比疫情前的 2019 年增长近四分之一。从欧盟方面看，中国生产的工业制成品已成为其消费市场中不可或缺的必需品。疫情防控期间，从中国输入的口罩、防护服、药品等防疫物资为欧洲度过艰难时刻立下了汗马功劳；在欧洲能源危机期间，中国产的电暖器、保暖衣裤、电热毯等取暖用品成为欧洲消费者抵御严寒、减少支出的"新宠"；伴随后疫情时期欧洲通胀高企，中国所产的大量日用消费品、电子产品和食品在很大程度上帮助欧洲民众减轻了生活负担;在海运价格高企时期,中欧班列运能迅速增长,有效填补了欧亚间海运通道阻滞带来的不利影响。无论当前还是未来,作为全世界唯一拥有联合国产业分类中全部工业门类的国家,中国在产业配套、基础设施和人力资源等方面具有的综合性优势都不可取代。欧盟解决经济社会发展中面临的各种内外矛盾,其解决方案都离不开从中国进口这一选项。

1. 中欧贸易规模保持较快增长

以人民币计价看,据海关统计,2022 年欧盟继续为中国第二大贸易伙伴。中国与欧盟的进出口贸易总额为 56468 亿元,我国从欧盟进口货物总额为 19034 亿元,出口货物总额为 37434 亿元,我国对欧盟贸易顺差 18400 亿元。2022 年中国第一大贸易伙伴为东盟,当前我国与东盟的进出口贸易总额为 65154 亿元。

以美元计价看,据海关统计,中欧贸易总额在 2011 年首次突破 5000 亿美元,在 2014 年首次突破 6000 亿美元,在 2019 年首次突破 7000 亿美元,在 2021 年即突破了 8000 亿美元,贸易规模在保持基本稳定的基础上,疫情时期呈现加速扩张。2022 年中欧贸易总额为 8473.2 亿美元,其中,中国自欧洲国家进口商品共计 2853.5 亿美元,较上年下降 4.9%;中国对欧洲国家出口商品共计 5619.7 亿美元,同比增幅为 11.9%。总体上,在全球供应链面临挑战的重要时期,中国的巨大市场为欧洲企业和消费者提供了稳定的供应。

以欧元计价看,据欧洲统计局数据,2022 年欧中贸易额达到 8563 亿欧元,同比增长 22.8%。其中欧盟对华出口 2303 亿欧元,同比增长 3%,自华进口 6260 亿欧元,同比增长 32.1%,对华贸易逆差为

3957 亿欧元，同比增长 58%。与此同时，2022 年欧盟第一大贸易伙伴为美国，欧美贸易额为 8677 亿欧元，同比增长 37.1%。

2. 中欧贸易不平衡有所扩大

从贸易平衡看，中欧贸易长期保持中方顺差、欧方逆差状态，疫情以来呈现进一步扩大趋势。以美元计价，2022 年中国实现对欧贸易顺差 2853.5 亿美元；以欧元计价，2022 年欧盟对华贸易逆差超过 2700 亿欧元。近年来，欧盟官方就对华贸易逆差不断上升持续表示关切，部分欧方官员更将中欧贸易逆差与贸易安全乃至经济安全问题联系到一起。欧盟委员会主席冯德莱恩曾警告称，欧盟在稀土、镁、锂等关键原材料领域对华"过度依赖"。但从实际数据看，欧盟对华逆差中绝大部分为中间品贸易，中欧贸易不平衡状态是经济全球化的必然结果。将贸易失衡推向政治化，将更加不利于问题的解决。此外，近年来中国一直在多渠道积极推进中欧贸易平衡，特别是在进口博览会等交易平台中将扩大与欧洲国家的贸易合作作为工作重点之一。在中国国际进口博览会历年达成的合同交易中，40% 的进口产品是欧洲产品；在海南举办的中国国际消费品博览会，2021 年首届唯一主宾国为瑞士，2022 年主宾国为意大利。

从国别看，中国与欧洲各国的贸易呈现稳定增长和扩张的态势。2022 年，中国进口额超过 100 亿美元的欧盟成员包括德国、法国、意大利等，中国与俄罗斯、英国、瑞士等欧洲国家贸易也保持较快增长。其中，中国从俄罗斯和瑞士的进口额增幅较大，分别比上年同期增长了 49.9% 和 31.1%。中国对欧出口超过百亿美元的国家有 11 个。其中，除了对英国的出口同比下降 3.5% 外，中国对其他国家的出口都实现了增长，且对荷兰、意大利、西班牙、捷克和希腊的出口额的增速都超过了 20%。

3. 欧盟对外贸易国别结构调整

伴随国际贸易环境的改变，欧盟与其主要贸易伙伴之间的贸易也进入了调整期。从欧方统计数据看，2022 年欧元区国家对区外国家出口 28778 亿欧元，同比增长 18.0%；自区外国家进口 31925 亿欧元，同比增长 37.5%。欧元区在 2022 年出现创纪录的 3147 亿欧元逆差。2022 年，欧盟与其主要贸易伙伴间的进口和出口总体呈现增长态势。其中，欧盟出口额超过千亿欧元的有美国（5093 亿欧元）、中国（2303 亿欧元）、英国（3286 亿欧元）和瑞士（1880 亿欧元），其中对华出口增速最低，仅 3.0%。2022 年，欧盟进口额超过千亿欧元的国别更多，按进口额排序分别为中国（6260 亿欧元）、美国（3584 亿欧元）、英国（2186 亿欧元）、俄罗斯（2034 亿欧元）、挪威（1607 亿欧元）和瑞士（1452 亿欧元）。其中，欧盟自华进口额同比增长 32.1%，但自挪威、美国、英国和印度的进口增幅更大，分别达到 115.7%、53.5%、48.2% 和 45.9%。

27 个欧盟国家在 2022 年的对外贸易都实现了比上年的增长。其中，对外贸易额最大的德国为 15737 亿欧元，占欧盟总额的 23.2%。排在第 2 位至第 5 位的分别是荷兰、意大利、比利时和法国，分别占欧盟当年对外贸易额的 13.5%、9.2%、8.9% 和 8.6%。前 5 名欧盟成员合计占到了 2022 年欧盟对外贸易总额的 63.4%。从贸易平衡来看，2022 年逆差最大的欧盟国家仍然是法国，且当年 1907 亿欧元的逆差比上年增加 804 亿欧元。法国的贸易逆差达到了其对外贸易总额的 32.5%。意大利则发生了从 2021 年顺差 403 亿欧元到 2022 年逆差 310 亿欧元的变化。斯洛伐克和瑞典也同样从顺差变为逆差，斯洛文尼亚则从上年 2 亿欧元的逆差变为贸易平衡。其余欧盟国家的贸易平衡均未出现顺差和逆差间的方向性改变。值得注意的是，2022 年德国的对外贸易虽然仍是顺差，但出现了明显减少，从上年的 1812 亿欧元降至 791 亿欧元，降幅达到 56.3%。在贸易顺差普遍下降或逆差增加的情况下，荷兰和爱尔兰表现较为突出。荷兰的贸易顺差从 2021 年的 696 亿欧元降至 2022 年的 639 亿欧元，降幅为 8.2%。同期爱尔兰的贸易顺差则由 593 亿欧元增加到 644 亿欧元。两国相对独特并有优势的产业结构，以及对能源等初级产品外部市场供应的较低依赖性成为其对外贸易表现的重要基础和保障。

从欧盟统计局发布的数据看，从 2021 年 1164 亿欧元顺差转为巨大逆差，对欧洲经济社会带来相当大的影响，其中不乏新冠疫情和乌克兰危机等全球性影响因素。对比美国公布的预估贸易数据，2022 年美国出口增长 18.4%，进口增长 14.9%，而按照 2022 年 12 月欧元对美元约 1.05 的汇率计算，欧元区当年的出口和进口额分别达到美国的 144.9% 和 102.3%。值得注意的是，欧盟的贸易还包括欧元区与非欧元区成员之间，以及欧元区成员之间的贸易。2022 年，欧元区成员间的贸易额为 27264 亿欧元，同比增长 24.4%，达到其对外贸易额的 44.9%。可见，欧元区仍是全球贸易体系中举足轻重的参与者，无论是出口的商品供给还是进口需求，无论是总量还是商品结构，都值得中国企业关注。

4. 欧盟经济面临持续压力，但中欧贸易关系具有稳定基础

从发展趋势看，作为长期以来的重要贸易伙伴，中欧企业、居民及各类经济主体间有着广泛的互补利益和长期的相互联系。在经历 3 年的疫情和各类风险冲击后，中欧之间的经贸关系有望逐步回稳。

伴随百年变局的持续演进，全球产业链、供应链、价值链面临重构，国际环境及新一轮技术革命到来，为中欧深化经贸合作提供了新的条件和可能。

近年来，欧盟经济在疫情前低增长的基础上出现大幅震荡调整，在后疫情时期，在内外需求不足、通胀高企、能源与粮食危机持续发酵、地缘冲突扰动的不利影响下，经济走势仍面临较大下行压力，经济低增长叠加较高通胀态势恐在中期内持续。欧盟统计局数据显示，2022 年欧盟和欧元区经济增速分别为 3.6% 和 3.5%。进入 2023 年以来，欧盟经济整体保持低位增长态势，部分成员国衰退风险依然存在。但与此同时，欧盟作为全球最大和一体化程度最高的超国别组织，在世界经济中仍扮演着不可忽视的重要角色，其市场体量与需求规模具有较高竞争力与吸引力。以合作共赢为前提，形成稳定的合作关系有利于中欧双方加速疫后复苏，而稳定的中欧贸易也会对其他主要区域的经济发展形成重要的支撑。

2022 年，全球经济面临来自新冠疫情和地缘政治冲突等多方面挑战，但中欧继续保持良好的互利合作关系，贸易与投资保持平稳发展，成为全球地区间经贸合作的稳定力量，也通过创新形成新的发展动能。在新能源基础设施和新能源消费领域，中欧经贸合作实现加速发展，电子商务和低碳经济成为应对与解决国际经贸合作发展困境的新亮点。欧洲理事会主席米歇尔在 2022 年 12 月来华访问时，表达了与中国通过加强直接对话合作减少误解误判、共同应对全球挑战的意愿，也愿意与中方继续推动双边投资协定，增强供应链稳定互信，并深化各领域合作。

中欧在推进更高水平开放合作方面具有广泛的共识基础。中国积极推进中国式现代化进程，欧盟坚持战略自主，双方有着广泛的共识和发展利益关系，也应该为全球经济克服困难发挥更为积极主动和重要的作用。面对未来的不确定因素，遵循国际规则与惯例，通过合作而非对抗来解决共同关切，以发展为经济全球化创造条件和可能空间，既是中欧的共识，也是效益与成本比值最高的方式。此外，中欧经贸高层对话为双方达成共识并适时推进创造了有利条件。中欧需要以明确的规则为双方企业开展经贸合作创造更为稳定的外部环境，鼓励企业基于市场需求，通过长期的谋划和有效的资源配置来寻求发展效率的增加和福利的提升。这种双边合作既可以在欧洲，也可以在中国，还可以由中欧双方在第三方市场推动，以灵活的方式和持续迭代升级的路径支持企业成为推动中欧提升疫情后经济发展动能的主力军。

（二）中欧贸易结构持续优化

1. 中欧贸易商品结构持续优化

近年来，中欧贸易商品结构持续优化，汽车、船舶等高技术、高附加值产品逐步成为出口新增长点；先进技术装备、关键零部件、优质消费品等进口不断扩大。中西部地区进出口占进出口总额比重显著提高，2021 年占比达 17.7%，较 2012 年提升 6.6 个百分点。知识密集型服务贸易占服务贸易比重从 2012 年的 33.6% 提升至 2021 年的 43.9%。2021 年一般贸易进出口占进出口总额的比重达 61.6%，较 2012 年提升 9.6 个百分点。在汽车、机床、化学品等技术、资本密集型制造业领域，中欧贸易总体保持基本稳定。长期以来，欧盟是中国最大的技术来源地，大众、宝马、奔驰等德国汽车企业的全球最大市场均在中国，其汽车销量超过其全球销量的三成。

尽管受到新冠疫情的冲击，通过中欧班列等贸易创新方式积极探索，中国与欧洲企业充分发挥沿线国家的资源禀赋和产业结构优势，贸易涵盖的商品品种进一步丰富，在特殊时期和不利贸易环境下又强化了中欧间存在的利益互补与经济相互依赖。2022 年前 10 个月，中国自欧洲进口总额较多的商品有矿物燃料、机械、车辆、电子机械、珠宝等，其进口额分别占自欧洲进口总额的 19.1%、10.4%、9.9%、8.8% 和 8.8%。中国经济和市场为欧洲出口企业创造了长期的稳定发展预期，中国国际进口博览会等进口促进平台不仅为欧洲企业提供了展示创新产品的空间，更拓展和丰富了对华出口的渠道。相比而言，中国对欧出口则较为集中，出口额占比排名前三的商品分别是电子产品（26.6%）、机械（17.6%）和车辆（5.4%），主要集中在对荷兰、德国、俄罗斯和英国的出口。

从欧盟内部看，欧元区是一体化程度更高的区域，贸易竞争力相对更强。2022 年，乌克兰危机及随之而来的贸易制裁等措施的实施，根本性地改变了欧洲国家的对外贸易格局。一方面，欧洲国家试图寻找新的化石能源提供方，推动全球石油和天然气价格持续高涨；另一方面，各国加快向新能源转型。欧盟 2022 年的出口和进口分别同比增长 17.9% 和 41.3%，两者之间的差距比欧元区更大。按照商品品类来看，2022 年欧盟从区外国家进口的初级产品额同比增幅高达 80.3%，逆差高达 6471 亿欧元。初级产品中，欧盟进口的食品饮料、原材料和能源分别比上年增加 26.9%、17.1% 和 113.6%。不过，欧盟在 2022 年也对区外国家出口了 1801 亿欧元的能源，同比增长了 72.3%，说明欧盟国家面临能源挑战时并未过多干预能源贸易流向，欧盟企业仍把握国际能源价格上升机会以出口获得利益。与初级产品相比，欧盟工业制成品的进出口增速略缓。2022年，欧盟出口了20630亿欧元的工业制成品，同比增长15.7%。其中，出口最多的是机械和交通工具，出口额达9450亿欧元，同比增长13.7%；化学品出口4557亿欧元，同比增长20.5%。相比而言，欧盟进口的上述两类商品规模略小，但增速更快，体现出欧盟在全球工业品供应链上的重要位置，以及对相关领域全球价值链合作的贡献。

2. 中欧高科技产品[①]贸易快速增长

中国是欧盟高科技产品最大进口来源国。联合国商品贸易统计数据库数据显示，2012年至2021年，中国对欧高技术产品出口额累计4275.7亿美元，占欧盟高技术产品进口额的23.8%。欧洲统计局数据显示，2022年，欧盟进口高科技产品4820亿欧元，较上年增长22%。其中，自中国进口额为1830亿欧元，占欧盟总进口额的38%；自美国进口额为910亿美元，占比19%。其他排名靠前的贸易伙伴包括瑞士（300亿欧元，6%），中国台湾（230亿欧元，5%），英国和越南（20亿欧元、18亿欧元，4%）。从具体商品看，欧盟进口的主要高科技产品为电子及通信设备，2022年进口额为2020亿欧元，其中自中国进口1010亿欧元，自美国进口320亿欧元，自瑞士进口200亿欧元。

---

① 欧盟对高科技产业及高科技贸易品的定义和分类，主要参考了OECD及国际贸易分类标准第四版（SITCrev.4）中的界定，主要包括航空航天制造业、计算机及办公设备制造业、电子及通信设备制造业、医药品制造业、专用科学仪器设备制造业、电气机械及设备制造业、化工、非电子机械及武器装备共九大行业门类、70个商品种类。https://ec.europa.eu/eurostat/cache/metadata/Annexes/htec_esms_an5.pdf

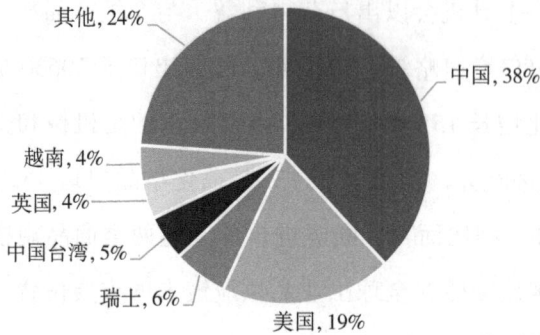

图 2 2022 年欧盟主要高科技产品进口来源地及占比

资料来源：欧洲统计局。

中国是欧盟第二大高科技产品出口目的国。欧洲统计局数据显示，2022 年，欧盟高科技产品出口总额为 4460 亿欧元，较上年增长 16%。其中，欧盟对华出口高科技产品 530 亿欧元，占欧盟高科技品出口总额的 12%；对美出口 1180 亿欧元，占比为 26%；对英出口 420 亿欧元，占比 9%；对瑞士出口 280 亿欧元，占比 6%；对日本出口 190 亿欧元，占比 4%。欧盟出口高科技产品的主要类别是药品（1450 亿欧元），其次是电子通信设备。在对华出口中，电子通信设备共计 200 亿欧元，占比 38%。

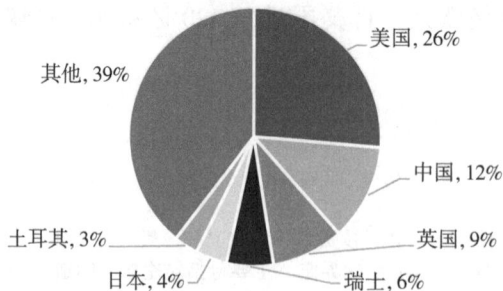

图 3 2022 年欧盟主要高科技产品出口目的地及占比

资料来源：欧洲统计局。

3. 新能源贸易合作加速发展

中欧双方在能源转型和绿色发展方面具有广泛共识。中国将生态文明理念和建设纳入宪法和国家总体布局，习近平主席在联合国庄严宣告中国碳达峰碳中和目标。推动绿色低碳发展也是贯彻新发展理念的重要方面。清洁能源是欧洲核心产业，其发展有望拉动经济复苏。早在 20 世纪末，欧洲就开始大力发展可再生能源，并长期在清洁能源使用和技术研发上保持全球领先地位。欧盟自提出碳中和目标以来，将绿色化和数字化并列为经济复苏和转型的两大驱动力。2022 年 3 月，欧盟委员会提出 REPowerEU 的能源保障框架计划，更新并提升了清洁能源发电、能源效率等领域目标。欧盟还发布《欧盟太阳能战略》等具体产业发展规划，继续努力在应对能源危机和气候挑战与绿色发展之间形成正向循环。在此基础上，中欧在能源、绿色经济、生物多样性等领域加强对话、推进务实合作的共同意愿愈加强烈，并形成共识。

产业优势互补是中欧新能源贸易合作的重要基础。中欧作为全球两大经济体和可再生能源产业重要市场，产业合作优势明显。其中，中国可再生能源产业规模效应明显，在光伏、风电形成全产业链优势，中国光伏硅块、硅晶片、多晶硅、光伏单元和模块分别占全球产能的 98%、97%、72%、81% 和 77%，中国占全球风电涡轮机制造和组装产能的一半以上，在新能源电池领域中国占全球电池正极、负极、隔膜和电解质等组件产量的 60% 以上，以及全球电池制造能力的近 80%。欧盟在智能电网、氢能网络、碳捕集与封存以及建立安全、可循环和可持续的电池价值链等低碳技术研究领域居于世界领先地位。双方可务实开展清洁能源技术、基础设施建设、人才培养等领域的投资合作与对话协调，以绿色合作为突破口扩大利益融合，推动新形势下中欧经贸合作上台阶。在欧盟持续扩大绿色转型目标背景下，中国的可再生能源全产业链产品供应能力，有助于帮助其降低成本、提升效率，特别是在新冠疫情等因素冲击产业链供应链稳定性的背景下，中国可再生能源产品供应具有更为重要的意义。2022 年 1—6 月，中国对欧洲地区光伏组件出口量达 42.4 吉瓦，同比增长 137%，占中国光伏出口的 53.9%。

重大项目是中欧新能源合作的重要支撑。伴随中欧在新能源等领域战略共识的积极助推驱动，近年来诸多绿色能源合作重大项目纷纷落地[1]。在可再生能源领域，由明阳风电集团供应涡轮机的意大利塔兰托港海上风电项目正式投入运营；中国北方工业公司建造和运营的克罗地亚塞尼风电项目落地，上海电气为该项目提供涡轮机；上海电力（马耳他）与马耳他政府合资投建的黑山莫祖拉风电站顺利竣工；中国建材工程集团承包建设的葡萄牙 Solara4 项目是欧洲单机容量最大的光伏电站。这些项目标志着中国深度参与欧洲绿色能源项目，产业和设备"组团出海"成效显著，中欧在可持续基建项目第三方市场也显示出巨大合作潜力。在电池等绿色能源新兴领域，中欧之间强强联合的潜力巨大，如欧盟曾不断强调构建其本土电池产能的重要性，宁德时代计划在匈牙利德布勒森投资建设年产能 100 吉瓦时的电池工厂，是该公司继德国图林根州工厂后的第二个重大项目，借助匈牙利等中东欧国家与德国汽车产业链深度融合的优势，助力德国及欧洲汽车行业向电动车赛道转型升级。奔驰、大众等均有意愿成为宁德时代欧洲工

---

① 相关案例及数据参考了《中欧绿色能源合作前景可期》一文，作者董一凡，该文 2023 年 4 月 4 日发表于中国石油报。

厂的合作伙伴，匈牙利外交与对外经济部长西雅尔多认为，德布勒森项目将助力匈牙利进一步巩固其全球电池生产领军地位。

中国汽车工业协会发布的数据显示，2022年中国新能源汽车出口同比增长超过1倍。现在在欧洲，每10辆新能源汽车中就有1辆来自中国。在能源危机持续的大背景下，欧洲对新能源汽车市场需求不断上升。中欧都面临能源领域短期保供和长期减排的难题。中国拥有全球近1/3的可再生能源技术专利，并在绿色供应链所必需的关键矿产、工业流程、零部件生产和组装等领域居于世界领先地位。

此外，欧盟近年加快了减少对化石燃料依赖的步伐，以可再生能源制氢为主，推动减排能力的建设，并将氢能发展作为实现2050年碳中和目标和与2030年俄罗斯能源"脱钩"目标的具体行动路径之一。2019年，欧盟成立了"氢能产业联盟"，并于2020年发布《欧盟氢能战略》。该战略将绿氢作为交通、运输、化工、冶炼等行业实施低碳转型的终极方案，并在整个产业链中推出了840个与氢能相关的项目。截至2022年，欧盟及其成员国在清洁能源领域的投资中，氢能项目的投资额已经超过30%，这进一步巩固了它们在氢能领域的科技创新和产业优势，有助于欧盟在全球氢电解槽等设备生产领域确立领先地位。总体上看，中欧在氢能发展方面的政策路线是相一致的。中国比欧盟更早一步于2022年出台支持氢能发展的规划，向外界释放了积极支持氢能绿色低碳发展的信号。该规划的内容与欧盟的"欧洲氢银行"相互补充，为中欧企业合作提供了广阔机遇，并有利于中欧在绿色能源合作领域继续保持协调一致的努力。

中欧能源合作互补优势较强，氢能等清洁能源有望成为中欧绿色合作伙伴关系的重要增长点。尽管中国已成为世界上最大的制氢国之一，但其可再生能源制氢仅占不到 0.1%，主要以煤炭、天然气等化石能源衍生的"灰氢"为主。因此，急需将这些"灰氢"转化为绿色氢能。工业领域被视为氢能在低碳转型方面具有最大潜力的领域，中国超过 80% 的氢气被广泛应用于工业领域，欧盟选择氢能来加速工业的低碳化进程，这两者之间形成了相互补充的优势。中国广阔的市场和多样化的应用场景为欧洲和中国共同突破氢能关键技术提供了广阔的空间和强大的动力。如果中欧能够共同合作攻关绿氢制备、氢燃料电池、氢燃气轮机、储运等关键技术，不仅能够满足双方在氢能发展方面的巨大需求，还能够为建立中欧绿色合作伙伴关系注入更多实际合作成果。

4. 中欧农业合作方兴未艾

《中欧地理标志协定》于 2021 年 3 月 1 日正式生效，是我国对外商签的第一个全面的、高水平的地理标志保护双边协定。中欧相互承诺为地理标志产品提供高水平保护，充分体现出中欧双方坚持开展自由和开放贸易、支持以规则为基础的多边贸易体制的承诺，有利于促进双边地理标志产品贸易。协定生效以来，在新冠疫情影响、供应链中断、国际贸易持续萎靡的不利环境下，对中欧经贸关系保持韧性与活力，实现中欧两大市场、两方资源的更好联通、更大效益起到了积极促进作用。

根据协定内容，安溪铁观音、五常大米、四川泡菜等我国第一批 100 个知名地理标志将在协定生效后立即获得欧盟的保护，有效阻止仿冒等侵权行为的发生。第二批 175 个地理标志将于协定生效后四年内获得保护。截至目前[①]，双方已累计实现 244 个产品的互认互保，有效扩大了我国地理标志的国际影响力。2022 年 12 月 2 日，国家知识产权局发布公告，依法受理了来自欧盟的 175 个地理标志保护申请，覆盖了西班牙、法国、意大利、德国、希腊等 22 个欧盟成员国，产品类别集中在葡萄酒、烈酒、肉制品、奶制品和橄榄油等 5 大类别上，占清单总数的 90.9%。同日，欧盟委员会也发布公告，受理了我国的金华火腿、太平猴魁茶、富平柿饼、泸州老窖酒、涪陵榨菜、宁夏枸杞等 175 个地理标志的申请，产品类别覆盖了酒类、调味品、茶叶、肉制品、中药材、手工艺品、水果等。至此，中欧双方顺利完成了 350 个产品清单公示工作。法国香槟、德国巴伐利亚啤酒、西班牙帕尔玛火腿在中国日益受欢迎，赣南脐橙、五常大米、安吉白茶也越来越多地进入欧洲家庭借助中欧地理标志协定的东风，中欧越来越多的特色优质名品进入对方市场。预计"十四五"末，中欧双方地理标志互认互保的规模将稳步扩大到 550 个左右。

在出口伙伴方面，英国是主要的合作伙伴，占欧盟外农产品出口的 21%（相当于 478 亿欧元），其次是美国（13%；290 亿欧元）、中国（7%；152 亿欧元）、瑞士（5%；115 亿欧元），日本（4%；83 亿欧元）和俄罗斯（3%；€70 亿）。欧盟以外的进口主要来自巴西（10%；199 亿欧元），英国（8%；164 亿欧元），乌克兰（7%；131 亿欧元），美国（6%；123 亿欧元），中国（近 6%；108 亿欧元）和挪威（5%；€93 亿）。

此外，中欧双方签署《中欧地理标志协定》生效仅两年时间，已

---

① 中欧加强地理标志合作双方累计实现 244 个产品互认互保，新华社，2023 年 1 月 16 日。

实现 244 个产品互认互保，推动中欧优质农产品更加便捷地进入对方市场，为民众带来新福利。未来双方在数字贸易和绿色贸易领域还有更大合作空间，通过新技术赋能、价值链升级为中欧既有产业链网络带来更高附加值。

5. 中国与中东欧国家贸易合作实现快速增长

近年来，中国与中东欧国家贸易平均增速高于中欧贸易增速。此外，中国中东欧贸易的结构、国别及服务贸易等方面均取得显著发展，显示中欧贸易在区域分布上进一步转向平衡优化。

中国对中东欧主要出口机电产品和劳动密集型产品，包括电机电器设备、机械器具、车辆及零部件、家具寝具等。中国自中东欧进口的商品主要是：车辆及零部件、电机电器设备、机械器具、光学等精密仪器设备，铜材、木制品等等。其中，对中东欧出口机电产品占我对中东欧出口总值约 70%。中国自中东欧国家主要进口机电产品、金属矿砂和铜材等，占同期我自中东欧进口总值的近 70%。这显示出中国与中东欧国家贸易产品的附加值和科技含量比较高，体现了双方贸易合作的高水平和含金量。此外，波兰、捷克、匈牙利为前三大贸易伙伴。2023 年一季度，我对波兰、捷克、匈牙利分别进出口 710.3 亿元、364.9 亿元、258.3 亿元，分别增长 6.5%、4.2%、8.8%，分别占同期我对中东欧进出口总值的 31%、15.9%、11.3%。

（三）中欧服务贸易保持较快增长

欧盟在金融、教育、旅游、运输、文化和科技创新等领域具有竞争优势，中国市场对这些服务需求旺盛。同时，中国在旅游服务、交通运输、技术出口等领域也具有强大的发展空间，预计未来中欧双方在服务贸易领域的合作潜力巨大。

中国作为欧盟服务贸易出口市场的重要性持续提升。欧盟对中国服务贸易为顺差，且 2016 年以来顺差额逐年扩大。2019 年，中国是欧盟（27 国）第四大服务出口目的国和服务进口来源国。欧盟对中国服务贸易出口占欧盟服务贸易出口额的比重逐年上升，从 2010 年的 2.9% 升至 2019 年的 5%。欧盟自中国服务贸易进口占欧盟服务贸易进口额的比重自 2016 年后呈下降趋势[①]。在服务贸易细类中，欧盟对中国出口的知识产权使用费、建筑服务、运输服务和旅行服务，在欧盟服务贸易出口中的占比较高；自中国进口的制造服务、维护和维修服务，在欧盟服务贸易进口中的占比较高。据中国商务部数据，欧盟一直是中国累计最大的技术供应方，且中国已跃居欧盟第三大旅游客源国。世界贸易组织数据显示，2012 年至 2020 年，欧盟对华知识产权出口额从 27.6 亿美元增至 110.8 亿美元，占中国知识产权进口额比例从 15.6% 提高到 29.4%。

近年来，中欧各自服务贸易均呈现加速发展。欧方数据显示，2019 年欧盟 27 国与中国（不含香港）服务进出口 852.3 亿欧元，同比增长 8.2%，占欧盟对外服务贸易的 4.2%，中国为欧盟第五大服务贸易伙伴。其中，欧盟对华服务出口 524.7 亿欧元，同比增长 9.5%，对华出口占总出口的比重为 5.0%；欧盟自华服务进口 327.6 亿欧元，同比增长 6.2%，自华进口占总进口的比重为 3.3%。2019 年欧中服务贸易额是 2010 年的 2.6 倍。2019 年，欧盟对外服务进出口总额 20374.6 亿欧元，同比增长 10.5%，其中出口 10552.7 亿欧元，同比增长 6.9%，

---

① 刘栩畅、杨长湧，中欧经贸关系发展趋势与深化中欧合作的建议，全球化，2021（6）。

进口 9821.9 亿欧元，同比增长 14.7%。另据中方统计，2022 年，中国服务进出口总额 59801.9 亿元，同比增长 12.9%；其中服务出口 28522.4 亿元，增长 12.1%；进口 31279.5 亿元，增长 13.5%；逆差 2757.1 亿元。其中，知识密集型服务进出口 25068.5 亿元，增长 7.8%。出口增长较快的领域是知识产权使用费、电信计算机和信息服务，分别增长 17.5% 和 13%；知识密集型服务进口 10907.7 亿元，增长 2.6%；进口增长较快的领域是保险服务，增速达 35.8%。旅行服务进出口继续恢复。2022 年，旅行服务总体呈现恢复态势，全年旅行服务进出口 8559.8 亿元，增长 8.4%。

（四）贸易创新与价值创造方兴未艾

在贸易格局方面，中欧贸易关系面临新国际关系下的再定位。未来国际贸易格局趋向多中心、碎片化方式发展，在这一过程中，中欧贸易在国际贸易格局中将面临再定位。从数据看，2021 年中国与欧盟、美国、日本、韩国等发达市场进出口合计占外贸总额的 38.3%；与东盟、非洲、拉丁美洲等新兴市场进出口合计占比从 2012 年的 22.2% 提升到 2021 年的 26.2%，东盟连续两年成为第一大贸易伙伴。同时，与"一带一路"沿线国家贸易关系持续深化，2013—2021 年，与"一带一路"沿线国家进出口额从 6.5 万亿元增至 11.6 万亿元，年均增长 7.5%，占外贸总额比重从 2013 年的 25% 提升到 2021 年的 29.7%。累计与 26 个国家和地区签署 19 个自贸协定，与自贸伙伴贸易额占比达到 35%。

在贸易方式上，模式创新将成为中欧贸易的增长点之一。首先，与知识产权相关的投资将成为推动中欧贸易发展的重要工具。与技术相关的贸易服务业投资将成为推动贸易新增长点的重点领域。其次，前沿数字技术及信息化基础设施将成为支撑中欧贸易便捷化的发展基础。以跨境电商为代表的新贸易业态将推动中欧贸易从大宗交易朝向小型化、定制化、综合化方向发展，跨境邮包有望成为中欧贸易的重要组成部分。此外，以中欧班列为代表的新兴运输方式将进一步丰富中欧贸易的发展路径。班列运输在中欧贸易中的价格和时间优势将进一步凸显。此外，海、铁、空、路、管等运输方式的综合联运化发展也将进一步提升中欧贸易的服务效率。

在政策支撑方面，国内开放平台及特殊经济区域有望在中欧贸易中发挥更重要的作用。截至2022年底，我国跨境电商综试区增至165个，区内企业建设海外仓超过2400个，跨境电商零售进口试点范围不断扩大，进出口规模5年增长近10倍。市场采购贸易方式试点增至39个，出口规模7年增长7倍。对外开放平台作用充分发挥，2021年，全国综合保税区、自由贸易试验区、海南自由贸易港进出口分别增长23.8%、26.4%和57.7%。服务贸易创新发展试点地区增至28个，37个服务外包示范城市加快转型升级，各类特色服务出口基地加快建设。

中欧贸易对经济社会发展贡献有望更加突出。我国数据显示，2021年货物与服务净出口拉动GDP增长1.7个百分点，对GDP增长贡献率达到20.9%。外贸直接和间接带动就业1.8亿人，稳主体稳就业保民生作用进一步发挥。2021年，有进出口实绩的外贸企业数量达到56.7万家，较2012年增长1.7倍。2019年民营企业进出口首次超过外资企业，成为第一大外贸主体。2021年，中国进口国际市场份额达11.9%，创历史新高，对全球进口增长的贡献率达13.4%，有力地促进了世界经济复苏，与世界更多分享中国发展红利。

（五）中欧国家间双边经贸合作概况

与欧盟成员国的双边经贸合作是中欧经贸合作的基础。以 2022 年美元数据看，中国在欧盟的前五大贸易伙伴为德国、荷兰、法国、意大利、西班牙；中国在欧盟的前五大出口对象国为荷兰、德国、意大利、法国、西班牙；中国在欧盟的前五大进口来源国为德国、法国、意大利、爱尔兰、荷兰。具体情况可见下表：

表 2　中欧国家间双边经贸合作概况（单位：亿美元）

序号	成员国	双边贸易额	对华进口	对华出口
1	德国	2276.3	1162.3	1114
2	荷兰	1302	1177	125
3	法国	812.3	456.6	355.6
4	意大利	778.8	509	269.8
5	西班牙	515.1	417.5	97.6
6	比利时	443.6	356.4	87.3
7	波兰	432.2	381.6	50.6
8	爱尔兰	238	57	181
9	捷克	236.5	182.3	54.2
10	瑞典	205.6	114	91.6
11	丹麦	159.1	101.9	57.2
12	匈牙利	155.2	104.7	50.5
13	希腊	138.2	129.9	8.3
14	奥地利	133.6	51.2	82.4
15	斯洛伐克	121.5	44.4	77.1
16	罗马尼亚	104.7	74	30.7
17	芬兰	98.3	45.5	52.8
18	葡萄牙	90.1	59.8	30.3
19	斯洛文尼亚	74.5	68.6	5.9

续表

序号	成员国	双边贸易额	对华进口	对华出口
20	保加利亚	41.2	28.5	12.7
21	立陶宛	26.3	17.9	0.9
22	马耳他	25.6	19.7	5.9
23	克罗地亚	24.2	22.6	1.6
24	拉脱维亚	14	10.3	3.7
25	塞浦路斯	12	11.7	0.3
26	卢森堡	8.5	5.2	3.3
27	爱沙尼亚	8.3	6.3	2

资料来源：作者根据海关总署、欧盟各成员国统计局数据综合整理。

1. 中德经贸合作概况

德国是中国在欧盟最大经贸伙伴，双边关系发展有着深厚民意基础、广泛共同利益和丰富成功经验。习近平主席指出，中德始终是对话的伙伴、发展的伙伴、合作的伙伴、应对全球挑战的伙伴[①]。中德两国于 1972 年 10 月 11 日建交。2004 年 5 月，在中欧全面战略伙伴关系框架内，两国建立了具有全球责任的伙伴关系；2011 年建立中德政府磋商机制；2014 年 3 月中德关系进一步提升为全方位战略伙伴关系。中德经济在市场、资本、研发、原材料、产业链等方面互补性强，在电子电气、汽车、机械设备、化工医药等领域合作潜力巨大，在服务贸易、智能制造、数字化等领域合作前景广阔。

截至 2022 年，中国已连续 7 年成为德国最大贸易伙伴，自2015 年以来一直是德国最大进口来源国。德国则连续 47 年保持中国在欧洲最大的贸易伙伴。据德方统计，2022 年中德双边贸易额达到2979 亿欧元，比 2021 年增长约 21%。其中，德国自中国进口 1910 亿

---

① 国家主席习近平 2022 年 12 月 20 日晚应约同德国总统施泰因迈尔通电话。

欧元，同比增加 33%，主要是电子、电气、纺织、机械和化学产品；对华出口 1070 亿欧元，增长了 3.1%。

在双向投资方面，德国是对华投资金额和项目数最多的欧盟国家，也是中国企业对外投资的重要目的地。两国产业链供应链深度融合，在绿色低碳、医疗卫生、科技创新、智慧城市、人工智能等领域投资项目不断涌现。据中方统计，2022 年德国对华投资 25.7 亿美元，同比增长 52.8%。德国过去四年在华投资额占欧洲对华投资总额的 43%，2021 年甚至高达 46%。另据德国联邦外贸与投资署发布的《2022 年外国企业在德国投资报告》显示，从外国投资项目数量来看，中国以 141 个投资项目位居对德投资国第四位。中国企业投资主要分布在制药和生物技术、机械和设备、信息通信技术和软件等行业，中国企业在德国从事业务最多的领域是销售和营销支持。2022 年，中国企业在德国投资创造了 4500 个工作岗位，较上年增长 15%。

2. 中荷经贸合作概况

1972 年，中荷两国外交关系由代办级提升为大使级 ①。2014 年习近平主席和威廉—亚历山大国王共同明确了中荷"开放务实的全面合作伙伴关系"新定位，为双边关系发展进一步指明方向、注入动力。多年来，随着两国政治互信不断深化，中荷经贸合作展现蓬勃生机，发展进入"快车道"。

荷兰是中国在欧盟内第二大贸易伙伴，中国是荷兰在欧盟外第一大贸易伙伴。2022 年，中荷双边贸易额 1302 亿美元，同比增长 12%。

① 中荷于 1954 年 11 月建立代办级外交关系，1972 年 5 月升格为大使级。1981 年 5 月，因荷政府批准荷公司售台潜艇，两国外交关系降为代办级。1984 年 2 月 1 日，中荷恢复大使级外交关系。

其中，中方出口额 1177 亿美元，增长 15.1%；进口额 125 亿美元，下降 10.6%。

荷兰是中国在欧盟内的最大投资目的国和第二大引资来源国。按中方统计，2020 年中国对荷直接投资达 49.38 亿美元，同比增长近 27%，占当年对欧盟投资总额近一半。荷兰对华直接投资 25.5 亿美元，在欧洲地区居于首位。2021 年中国对荷直接投资 17 亿美元，排中国对外投资流量第 12 位；荷兰在中国新设企业 176 家，投资额 11.1 亿美元（在欧盟仅次于德国）。截至 2021 年末，中国对荷直接投资存量 284.9 亿美元，在中国对外国直接投资存量排名第 7 位；荷兰对中国投资存量 249.5 亿美元。据荷兰外商投资局统计，截至 2021 年共有约 700 家中国企业在荷开展绿地投资，覆盖贸易、物流、化工、农业、电信、新能源、商业服务等诸多领域。其中农业合作逐步向农业全产业链机械化智能化以及种业方面拓展。绿色合作延伸至风电、光伏、氢能、生物质能、垃圾处理等细分领域。此外，两国在半导体、电信、物联网、云服务及人工智能等高科技领域的联系互动也稳步加强。

3. 中法经贸合作概况

法国是中国在欧盟的第三大贸易伙伴、第三大实际投资来源国和第二大技术引进国。中国是法国全球第六大、亚洲第一大贸易伙伴国。自 1964 年正式建交以来，中法两国经贸关系发展迅速，双边贸易额由建交前的年平均 3000 万美元逐年递增。据法方统计，2022 年中法货物贸易首次突破 1000 亿欧元大关，两国货物贸易总额从 2021 年的 888.08 亿欧元上升至 2022 年的 1019.02 亿欧元，增幅达 14.74%。在欧盟 27 国中，法国是中国的第二大进口国及第四大出口国，分别占 2022 年中国对欧盟进口和出口总额的 12.46% 和 8.13%。自新冠疫情暴发以来，中法两国双边贸易不平衡程度有扩大趋势。据中国海关总署统计数据，法国对华贸易逆差从 2020 年的 72.73 亿美元扩大至 2022 年的 100.98 亿美元。

从中法双边投资来看，截至 2021 年底，中国对法国直接投资存量为 48.64 亿美元，占中国对欧盟直接投资存量的 5.07%，是中国企业在欧盟的第五大投资目的国。另据法国商务投资署发布的《2021 外商对法投资报告》显示，截至 2021 年，中国已连续三年成为对法投资和创造就业的第一大亚洲国家。2021 年中国企业在法国进行了 53 项投资，创造并保留了 2169 个工作岗位，同比增长 28%，主要涵盖交通运输、电气设备和汽车制造三大领域的生产经营活动。法国则是中国在欧盟的第三大投资来源国。根据中方统计数据，截至 2021 年底，法国在华企业（累计设立）已超过 6000 多家，投资存量达 180.25 亿美元，主要集中在航空、汽车、电力、化工等领域。

4. 中意经贸合作概况

中国与意大利于 1970 年 11 月 6 日正式建交。50 多年来，两国政治互信不断增强，经贸、文旅等各领域合作日益密切。两国于 2019 年签署共建"一带一路"合作谅解备忘录，进一步提升了双边关系的战略水平。两国业已建立成熟多元的对话机制，也是彼此最重要的贸易伙伴之一。据中国海关统计，2022 年，中意贸易额达到 778.84 亿美元，同比增长 5.4%；其中中国对意大利出口额 509.08 亿美元，同比增长 16.8%，中国自意大利进口额 269.76 亿美元，同比下降 11%。从产品类别来看，化工产品、纺织品及原料和运输设备为意大利对华出口主要产品。意大利自中国进口的主要商品为机电产品和纺织品及原料。中国是意大利纺织品及原料、家具玩具和鞋靴伞等轻工产品的首要来源地、机电产品的第二大进口来源地。中意贸易长期保持中方顺差。

近年来，中国企业及金融机构积极参与意私有化进程，以并购、入股、合资等方式同意企业开展了良好合作，主要项目包括：中联重科 2.71 亿欧元收购全球第三大混凝土机械制造商意 CIFA 集团（2008 年）、山东重工（潍柴集团）3.74 亿欧元收购意法拉帝（Ferretti）游艇公司 75% 股权（2012 年）、中国石油天然气集团公司 42 亿美元收购意埃尼集团（Eni）东非公司 28.57% 股权（2013 年）、国家电网斥资 21.01 亿欧元收购意存贷款银行全资能源网子公司 CDP RETI 35% 股权（2014 年）、上海电气 4 亿欧元收购全球第四大燃气轮机制造商意大利安萨尔多能源公司 40% 股权（2014 年）、中国化工集团以 71 亿欧元收购意倍耐力公司 26.2% 股权（2015 年）、苏宁控股集团有限公司以 2.7 亿欧元收购国际米兰 70% 股权（2016 年）等。

5. 中西经贸合作概况

中国与西班牙于 1973 年 3 月 9 日建交。中西关系发展总体平稳，双方在政治、外交、经贸、科技和文化等领域的交往与合作不断扩大。2005 年 11 月，两国建立全面战略伙伴关系。2018 年，两国发表《关于加强新时期全面战略伙伴关系的联合声明》。为庆祝两国建交 50 周年，2023 年 3 月 9 日，两国元首互致贺电，习近平主席指出，中国同西班牙建交半个世纪以来，双方秉持相互尊重、平等互利精神，深化友谊，促进合作，建立和发展了全面战略伙伴关系，为两国人民带来了实实在在的福祉。

西班牙是中国在欧盟内第五大贸易伙伴，中国是西班牙在欧盟外第一大贸易伙伴。1981 年双方成立经济工业合作混委会，迄今为止已举行 28 次会议。2022 年双边贸易额达 515.14 亿美元，同比增长

6.5%，其中中方出口 417.50 亿美元，主要是纺织品、机电、化工、轻工产品等；进口 97.64 亿美元，主要是猪肉、机械设备、交通运输设备、塑料及其制品、矿产品、医药品等。

截至 2022 年 12 月，西班牙累计对华投资 42.7 亿美元，主要涉及金融、能源、电信、运输等行业。

6. 中比经贸合作概况

中国与比利时于 1971 年 10 月 25 日建交，两国长期保持良好经贸关系。两国在贸易、投资、科技、文化等领域的合作日益深入，贸易额持续增长，企业之间的合作也在不断加强。

比利时是中国在欧盟主要的贸易伙伴之一。2022 年中比双边贸易额达到 443.63 亿美元，再创新高。其中，中国对比利时出口额达到 356.35 亿美元，较 2021 年的 303.82 亿美元同比增长 17.6%；中国从比利时进口 87.27 亿美元，较 2021 年的 85.69 亿美元同比增长 1.8%。比利时在中国的投资逐年增加，而中国也在比利时投入了大量资金。双方经济互补性强，未来两国的经贸合作前景广阔，投资领域涵盖能源、基础设施、制造业、金融、科技等多个领域。

7. 中波经贸合作概况

中国与波兰于 1949 年 10 月 7 日正式建交。波兰是欧盟第五大经济体和重要新兴市场国家，也是中欧班列进出的重要门户，是"一带一路"建设的关键枢纽。中波两国建交 70 多年来，双边关系不断发展，经贸合作持续深化。目前，波兰是中国在中东欧地区最大贸易伙伴和最大出口市场的地位，中国则是波兰第二大贸易伙伴和第二大进口来源国。

自 2005 年起，波兰一直保持中国在中东欧地区最大贸易伙伴地位。2022 年，中波贸易额为 432.2 亿美元，同比增长 2.7%。其中，中方出口 381.6 亿美元，同比增长 4.5%，进口 50.6 亿美元，同比减少 8.7%。截至 2022 年底，中国对波直接投资累计约 6.33 亿美元，波对华直接投资累计约 2.58 亿美元。

8. 中国与爱尔兰经贸合作概况

中爱于 1979 年建交。近年来经贸合作发展迅速。爱尔兰连续 14 年对华贸易顺差，是欧盟内为数不多的对华贸易保持顺差的国家。中国是爱尔兰第四大贸易伙伴、第五大货物出口市场、第七大服务出口目的地、亚太地区第一大贸易伙伴、增长最快的主要市场以及猪肉和婴儿配方奶粉的最大海外市场。据欧盟统计局统计，自 2014 年以来，两国双边贸易额连续 9 年创历史新高，从 2014 年的 37 亿欧元增长至 2022 年的 253 亿欧元，年均增幅达 27%，远高于同期爱尔兰整体对外贸易 10.7% 的年增幅。另据中方统计，2022 年中爱双边货物贸易额 238 亿美元，同比增长 3.8%。其中，中方对爱出口 57 亿美元，同比增长 7.6%；爱对华出口 181 亿美元，同比增长 2.7%。

中爱双向投资也在快速增长。截至 2021 年，中国在爱直接投资已达 92 亿欧元，为当地创造了 5000 多个就业岗位，包括华为、无锡药明生物、TikTok 在内的 40 多家中国企业在爱落户。

9. 中捷经贸合作概况

中国同原捷克斯洛伐克于 1949 年 10 月 6 日建交。1993 年 1 月 1 日，捷克共和国成为独立主权国家，中方即予以承认并与之建立大使级外交关系。双方商定，继续沿用 1949 年 10 月 6 日为两国建交日。

近年来，中捷关系出现一定波折 [1]。

捷克是中国在中东欧地区的第二大贸易伙伴。2022 年，中捷双边贸易额 236.5 亿美元，增长 11.8%。其中，中方出口额 182.3 亿美元，增长 20.7%；进口额 54.2 亿美元，下降 10.5%。截至 2022 年底，捷克累计对华直接投资 3.2 亿美元，中国累计对捷直接投资 5.3 亿美元。

10. 中瑞经贸合作概况

中国与瑞典于 1950 年 5 月 9 日正式建交，瑞典是第一个与中国建交的西方国家。建交后，中瑞关系平稳发展，两国在政治、经济、文化等各领域、各层次的交流与合作日益增多并取得显著成果。

中国是瑞典在亚洲最大的贸易伙伴，瑞典是中国在欧盟的第十大贸易伙伴和第三大投资目的地，双方经贸关系十分活跃，在绿色低碳、科技创新等领域合作潜力巨大。近年来两国经贸关系稳定发展，两国互为在亚洲和北欧地区最大贸易伙伴。2022 年中瑞双边货物贸易总额约为 363 亿瑞郎，同比增长 8.4%。其中，瑞士对华出口 159 亿瑞郎，同比增长 2.1%；自华进口约 204 亿瑞郎，同比增长 13.5%。截至 2021 年底，中方对瑞全行业直接投资额约 112 亿美元。

11. 中丹经贸合作概况

中国与丹麦于 1950 年 5 月 11 日建交，丹麦是最早同新中国建交的西方国家之一。2008 年 10 月，中丹建立全面战略伙伴关系，双边经贸关系也提升至新的水平。丹麦是最早承认中国市场经济地位的欧盟国家，也是首个申请加入亚洲基础设施投资银行的北欧国家。建交

---

[1] 2019 年 5 月，以美国、英国、日本、澳大利亚为代表的 32 国在捷克布拉格针对中国召开"5G 闭门会"。2020 年秋，尽管中方严厉警告，捷克参议院院长维斯特齐尔仍率团访问中国台湾。

70 多年来，中丹双边关系稳定牢固，经贸合作涵盖诸多领域且充满活力。中丹两国近些年在能源、环境、气候等领域的合作不断走向纵深，两国关系广度、深度得到极大拓展。

中国是丹麦在全球的第五大贸易伙伴、在亚洲最大的贸易伙伴和海外第二大投资国。近年来，双边贸易增长较快。2022 年，中丹双边贸易额为 159.1 亿美元，同比下降 10.8%。其中，中方出口 101.9 亿美元，同比下降 6.2%；进口 57.2 亿美元，同比下降 18.0%。中方对丹麦主要出口机电、服装、纺织品等，自丹麦进口农产品、医药品、精密仪器、发电及制冷设备等。

12. 中匈经贸合作概况

中国与匈牙利于 1949 年 10 月 4 日正式建立外交关系。建交后，两国友好关系全面发展，领导人互访等各种形式的往来密切，各领域合作不断加强，两国人民的友谊进一步加深，双方在国际事务中相互支持，密切配合。

匈牙利是中国在中东欧地区第三大贸易合作伙伴，中国也是匈牙利在欧盟外第一大贸易合作伙伴。2022 年全年双边贸易额 155.2 亿美元，同比下降 1.2%。其中，中方出口额 104.7 亿美元，同比增长 3.3%，进口额 50.5 亿美元，同比下降 9.4%。中匈双边贸易以附加值较高的机电和高新技术产品为主，其中，电机、电气设备及零部件，锅炉、机械器具及零部件，车辆及零部件，光学、照相、医疗设备及零部件等四大领域在双边贸易额中的占比超过 80%。

截至 2022 年底，中国在匈直接投资存量 4.26 亿美元，涉及贸易、化工、金融、通信设备、新能源、物流等行业。烟台万华集团收购了匈牙利宝思德化工公司项目。华为公司在匈牙利设立了欧洲供应中心和欧洲物流中心,建立了覆盖欧洲、独联体、中亚、北非等地区的物流网络。中国通用技术集团中技公司在匈考波什堡市投资兴建 100MW 光伏电站项目,系中东欧地区最大光伏电站之一。深圳比亚迪、四川波鸿集团和上海延锋汽车内饰公司等汽车产业企业均在匈投资设厂。中方在匈设有中国匈牙利宝思德经贸合作区和中欧商贸物流合作园区两个国家级境外经贸合作区。截至 2022 年底,匈对华累计投资 4.03 亿美元,投资领域涵盖污水处理、水禽养殖、环保建材生产等。

13. 中希经贸合作概况

中国与希腊于 1972 年 6 月 5 日建交,两国于 2006 年 1 月建立全面战略伙伴关系。2018 年,希腊成为第一个加入"一带一路"倡议的欧盟成员国。中远海运比雷埃夫斯港项目作为中希共建"一带一路"龙头项目,推动比港发展成为地中海领先大港,累计为当地带来直接社会贡献超过 14 亿欧元,为双方创造了可观经济和社会效益。

希腊是中国在中东欧国家中第四大贸易伙伴,而中国也稳居希腊第四大贸易伙伴及欧盟外第一大贸易伙伴。2022 年,中希双边贸易额为 138.2 亿美元,增长 14%。其中中国对希出口 129.9 亿美元,增长 16.5%,自希进口 8.3 亿美元,减少 14.1%。

中希双向投资主要集中在海运、能源、电信、光伏领域。截至 2021 年 8 月,希对华直接投资项目累计 213 个,实际投资额 1.05 亿美元;我对希全行业直接投资存量 2.4 亿美元,在希累计完成工程承包营业额 29 亿美元。两国建有双边经贸混委会机制,迄今共召开了 13 次会议。2014 年 6 月,两国签署《关于加强双边经济投资合作的谅解备忘录》。2017 年 5 月,中希签署《关于重点领域 2017—2019 年合作框架计划》。2019 年 4 月,中希签署《关于重点领域 2020—2022 年合作框架计划》。希腊连续 5 届参加中国国际进口博览会，是第二届进博会主宾国，每年平均约 20 家企业参展。

14. 中奥经贸合作概况

中国与奥地利于 1971 年 5 月 28 日正式建立外交关系，两国关系总体平稳发展。中国是继德国和意大利之后的奥地利第三大贸易伙伴、第二大进口来源国、第九大出口市场。

2022 年，中奥双边贸易额 133.6 亿美元，同比下降 3.0%。其中，中方出口额 51.2 亿美元，下降 4.3%；进口额 82.4 亿美元，下降 2.2%。奥自中国进口商品主要包括电气机械和设备、服装和鞋帽以及家具和照明用具，增幅最大的是工业金属以及电动汽车，最重要的供应商包括光伏系统，这些产品也通过德国进口到奥地利。

在相互投资方面，截至 2022 年 12 月底，中国共批准奥在华投资项目 1523 个，实际利用奥资 28.9 亿美元；1 月至 12 月新增批准 47 项，同比下降 13%，实际利用奥资 1.6 亿美元，同比增长 65.8%。截至 2022 年 12 月，中方对奥全行业直接投资累计 7.9 亿美元。此外，截至 2022 年 12 月底，中奥签订技术引进合同 2737 项，累计合同金额 69.8 亿美元；1 月至 12 月新增 79 项，金额 1.3 亿美元，同比增长 6.3%。

15. 中国同斯洛伐克经贸合作概况

中国同前捷克斯洛伐克于 1949 年 10 月 6 日建交。1993 年 1 月 1 日，斯洛伐克共和国成为独立主权国家，中国即予以承认并与之建立大使级外交关系。中斯经贸关系密切，斯洛伐克是中国在欧洲的重要贸易伙伴之一，中国也是斯洛伐克的重要出口目的地之一。斯洛伐克是 2015 年首批签署"一带一路"备忘录的国家之一。

2022 年，双边贸易额 121.5 亿美元，同比增长 0.5%，其中中方出口 44.4 亿美元，同比下降 2.4%；进口 77.1 亿美元，同比增长 2.2%，中方逆差 32.79 亿美元。斯洛伐克向中国出口的主要商品包括机械、电子设备、化工产品、木材和纸制品等，而中国向斯洛伐克出口的主要商品包括纺织品、鞋类、电子产品、汽车和建筑材料等。截至 2021 年底，中国对斯投资总量 4.7 亿美元，斯对华投资总量 9490 万美元。

16. 中罗经贸合作概况

中国与罗马尼亚于 1949 年 10 月 5 日正式建交。2004 年，两国建立全面友好合作伙伴关系。中国是罗马尼亚最大的非欧盟进口国，2022 年中罗双边贸易额 104.7 亿美元，同比增长 2.5%，其中中方出口额 74 亿美元，进口额 30.7 亿美元。

17. 中芬经贸合作概况

芬兰是最早同新中国建交的西方国家之一，两国于 1950 年 10 月 28 日正式建交。中芬于 2017 年建立面向未来的新型合作伙伴关系。建交 70 多年来，中芬关系稳定发展，在政治、经贸、科技、文化等领域的交往与合作取得显著成果。芬兰是亚投行创始成员国之一，并积极参与"一带一路"建设。

芬兰是中国在北欧地区第三大贸易伙伴，中国则连续二十年保持芬在亚洲最大贸易伙伴。据中国海关统计，2022 年，双边贸易额 98.3 亿美元，增长 7.6%。其中，中方出口 45.5 亿美元，增长 19.8%；进口 52.8 亿美元，下降 1.0%。近年来，芬兰在中国对北欧五国和波罗的海三国对外贸易的比重逐年攀升，从 2020 年的 13.2% 升至 2022 年的 15.3%。

中芬双向投资日趋活跃。截至 2021 年，芬兰对华累计投资项目 702 个，在华设立分支机构 249 个，2021 年营业额达 149.6 亿欧元，中国成为芬企海外投资第四大目的国，仅次于德国、瑞典和美国。同时，中企对芬投资不断增加。据估算，中芬双向投资额分别达到约 150 亿欧元。

中芬互联互通合作稳步推进。中远海运积极拓展航线，运力不断增强；已开通的 4 条中芬铁路班列运营良好，成为疫情防控期间货物运输的"生命线"；2021 年中芬新航权协议的签署，进一步扩大了航空领域合作，为两国人员往来和货物运输提供了很大便利。2017 年 11 月、2018 年 11 月、2020 年 11 月先后开通西安—科沃拉、合肥—赫尔辛基、郑州—赫尔辛基三条中欧班列。2021 年上半年开通济南、苏州、重庆至赫尔辛基三条中欧班列。2022 年 8 月开通锦州港—赫尔辛基中欧班列。

18. 中葡经贸合作概况

中国和葡萄牙于 1979 年 2 月 8 日建交。2018 年习近平主席访葡期间，双方发表《关于进一步加强中葡全面战略伙伴关系的联合声明》。

在贸易方面，中国多年来一直是葡萄牙在亚洲第一大贸易伙伴。2022 年中葡双边贸易额为 90.1 亿美元，同比增长 2.4%。其中中国对葡出口 59.8 亿美元，同比增长 11.8%，自葡进口 30.3 亿美元，同比下降 12.1%。中国对葡出口商品主要有：电机电气设备、机械器具、玩具、家具、钢铁制品等。进口商品主要有：机械器具、电机电气设备、软木及其制品、纸浆及废纸、矿产品等。

在投资方面，截至 2021 年 12 月底，中国对葡实际投资累计金额超 80 亿欧元。葡累计对华投资项目 308 个，实际使用外资 2.24 亿美元。近年来，葡大力推进企业私有化进程，对外国企业投资持开放和欢迎态度，中国企业亦积极参与。主要项目包括：中国长江三峡集团收购葡电力公司 21.35% 股权，国家电网公司收购葡电网公司 25% 股权。中国石化集团收购葡石油和天然气公司旗下巴西分公司 30% 股份。中国交建集团收购葡最大工程承包商莫塔—恩吉尔公司 23% 股权。香港北控水务集团收购法国威立雅水务公司旗下葡萄牙水务公司 100% 股权。复星集团收购葡储蓄总行附属保险公司 80% 股份、葡电网 3.9% 股份和圣灵集团医疗服务子公司 EES 96% 股份。海通国际控股公司收购葡新银行旗下圣灵投资银行。贝森公司收购葡丰沙尔投资银行。

19. 中国斯洛文尼亚经贸合作概况

1991 年 6 月 25 日，斯洛文尼亚宣布脱离南斯拉夫独立。1992 年 4 月 27 日，中国承认斯洛文尼亚，5 月 12 日两国签署建交公报，正式建立外交关系。建交 30 余年来，两国关系保持平稳发展，政治互信不断增进，各领域务实合作取得丰硕成果。斯洛文尼亚是中国在西巴尔干地区最大贸易伙伴，中国是斯在亚洲最大贸易伙伴。2017 年 11 月，两国签署了共建"一带一路"谅解备忘录。

2022 年中斯双边贸易额 74.5 亿美元，同比增长 24.4%。其中，中方出口额 68.6 亿美元，进口额 5.9 亿美元。斯积极参与中国—中东欧国家合作，是中国—中东欧国家林业合作机制牵头国，在中国—中东欧国家体育合作协调机制中牵头冬季运动。

20. 中保经贸合作概况

中国与保加利亚于 1949 年 10 月 4 日建交，保加利亚是世界上第二个同新中国建交的国家。2014 年 1 月，两国建立全面友好合作伙伴关系。2019 年 7 月，两国建立战略伙伴关系。

近年来中保两国经贸合作稳步提升。2022 年中保双边贸易额 41.2 亿美元，同比增长 0.3%。其中，中方出口额 28.5 亿美元，进口额 12.7 亿美元。截至 2020 年底，中国对保直接投资存量 1.56 亿美元，保对华直接投资 8057 万美元。中方主要出口电脑、空调、通信设备等，进口有色金属、金属矿砂等。

21. 中立经贸合作概况

中国与立陶宛于 1991 年 9 月 14 日正式建交，近年来中立政治经贸关系出现波折[①]。据统计，2022 年中国与立陶宛双边贸易额为 26.3 亿美元，下降 28.4%。其中，中国对立陶宛出口商品总值为 17.9 亿美元，下降 18.4%；中国自立陶宛进口商品总值为 0.9 亿美元，下降 79%。中国与立陶宛贸易差额为 17 亿美元。

22. 中马经贸合作概况

中国与马耳他于 1972 年 1 月 31 日建交，两国长期保持友好合作关系。据中方统计，2022 年双边贸易额为 25.6 亿美元，下降 7%。其中，中方对马出口 19.7 亿美元，下降 10.2%，自马进口 5.9 亿美元，增长 5.7%。截至 2022 年 10 月，马在华投资项目约 70 个，投资存量 8137 万美元，我对马投资存量 1.8 亿美元。

23. 中克经贸合作概况

中国与克罗地亚于 1992 年 5 月 13 日正式建交。2005 年，中克建立全面合作伙伴关系。中克关系始终保持高水平，友好合作、互利共

---

① 2021 年 5 月 22 日，立陶宛政府宣布退出中国—中东欧合作机制。2021 年 11 月，中国宣布将同立陶宛的国际关系降为代办级。

赢始终是双边关系发展的主旋律。2022 年中克双边贸易额 24.2 亿美元，同比增长 4.8%。其中，中方出口额 22.6 亿美元，进口额 1.6 亿美元。中国企业承建的克罗地亚佩列沙茨大桥于 2022 年 7 月通车。佩列沙茨大桥项目是中国与克罗地亚开展务实合作的重要标志性项目，也是中国企业第一次利用欧盟的基金在中东欧地区国家开展基础设施建设的项目。

24. 中拉经贸合作概况

中国与拉脱维亚于 1991 年 9 月 12 日正式建交，两国经贸关系总体稳定发展[①]。根据中方统计，2022 年中拉贸易总额为 14 亿美元，同比增长 1.1%。其中，中方出口额 10.25 亿美元，下降 10.5%，进口额 3.75 亿美元，增长 57%。截至 2022 年 12 月底，我对拉累计投资 2111 万美元；拉在华项目 64 个，拉在华累计投资 420 万美元。

25. 中塞经贸合作概况

中国与塞浦路斯于 1971 年建立大使级外交关系、2021 年建立战略伙伴关系。在欧盟成员国中，塞浦路斯对华态度友好，合作意愿积极。2019 年 4 月，两国签署政府间共建"一带一路"合作谅解备忘录。

据中国海关总署统计，2022 年双边贸易总额 12 亿美元，增加 34.3%；其中，中国向塞出口额 11.7 亿美元，增加 34.9%；中国自塞进口额 0.3 亿美元，增加 15.7%。截至 2021 年 8 月，塞对华直接投资项目累计 281 个，累计实际使用 1.94 亿美元。塞浦路斯连续多年参加中国国际进口博览会、进博会国家展，塞国宝级美食哈鲁米奶酪、非

---

①2022 年 8 月 11 日，拉脱维亚政府宣布退出中国—中东欧合作机制。

物质文化遗产鱼尾菊酒、地中海蓝色葡萄酒等高品质产品深受中国消费者欢迎。

在数字方面合作方面，华为深度参与了塞浦路斯 5G 移动专网等数字化建设。塞已连续 2 年获得"欧洲速度最快的移动互联网"称号，并将成为首个 5G 覆盖全部人口的欧盟国家。

26. 中卢经贸合作概况

中国与卢森堡于 1972 年 11 月 16 日正式建交，自建交以来，两国政治、经济、文化、教育、体育等各领域合作都得到长足发展。卢森堡是新中国在海外设立银行分支机构的第一个国家，是第一个申请加入亚投行的欧洲国家，是第一批与中国签署"一带一路"合作谅解备忘录的欧盟创始成员国。

2022 年中卢贸易额 8.51 亿美元，同比下降 51.9%，其中中方出口 5.21 亿美元，同比下降 63.5%；中方进口 3.3 亿美元，同比增长 1.4%。2023 年 1—3 月，中卢进出口贸易总额为 1.78 亿美元，其中中方进口 1.1 亿美元，卢方出口 6800 万美元。

截至 2022 年底，卢对华直接投资 68.7 亿美元。中国对卢直接投资共 207.48 亿美元。中卢在金融、钢铁、货运航空三大传统合作领域成果丰硕，亮点频出。

27. 中爱经贸合作概况

中国与爱沙尼亚于 1991 年 9 月 11 日正式建交，两国经贸合作总体稳定发展[1]。近年来，中爱双边贸易增长较快。2022 年，中爱双边贸易额为 8.29 亿美元，下降 0.5%。其中，中方对爱出口 6.27 亿美元，

---

[1] 2022 年 8 月 11 日，爱沙尼亚政府宣布退出中国—中东欧合作机制。

下降 3.8%；自爱进口 2.02 亿美元，增长 11.2%。中国主要向爱沙尼亚出口机电、高技术产品、农产品及机械设备，自爱沙尼亚进口钢材、电子产品、计算机及通信技术。据中方统计，截至 2022 年 12 月，中国在爱累计直接投资 676 万美元，工程承包营业额 1607 万美元。爱企业在华有 49 个投资项目，对华累计投资 1.131 亿美元。

三、中欧相互直接投资状况

直接投资也是中欧经贸合作的重要实现方式之一。由于中国和欧盟国家各自经济社会发展阶段和水平的差异，中欧双向投资从纵向历史发展维度来看，呈现出前、中期主要以欧方对华投资为主并不断扩展，后期从 2012 年至 2016 年中方对欧投资出现井喷式增长、双向投资并驾齐驱的发展进程。自 1979 年我国开放引入外资以来，欧盟对华投资规模稳步上升。进入 21 世纪以来，伴随中国企业国际化战略及国际化经营能力的不断提升，中国对欧盟直接投资也进入快速增长阶段，投资流量规模在一些时期甚至超过了欧盟对华投资。新能源、汽车、机械设备等领域成为近年来双向投资的重点。在新的国际形势与市场环境下，中欧相互投资正在从高速增长进入结构优化调整、投资质量升级的新阶段，机遇与挑战并存。

（一）中国对欧直接投资状况

自 20 世纪 90 年代开始，中国企业对欧美等发达国家的直接投资逐渐增多，特别是进入 21 世纪以来，伴随国家"走出去"战略的深入实施，中国企业对德、英、荷、意等欧洲国家投资快速上升。

2008 年以后，在商务部等部门的官方统计中，欧盟开始整体作为中国对外直接投资流量与存量规模的统计对象。在国际金融危机及欧债危机时期，中国对欧盟投资大幅增加，中国对欧长期资本流量逐步突破 100 亿美元大关。

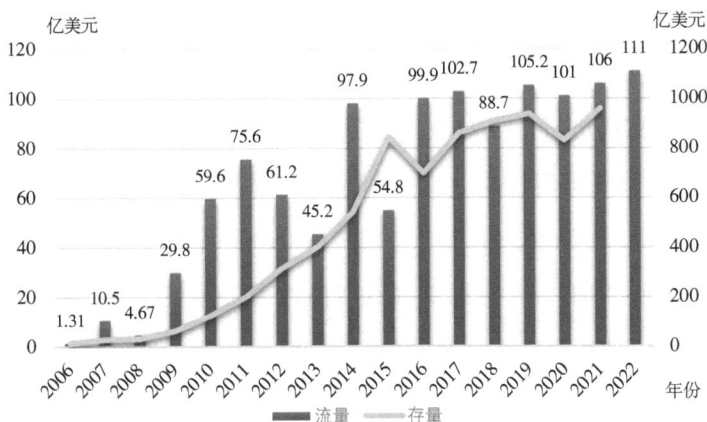

图 4　中国对欧盟直接投资存、流量历年规模

资料来源:《中国对外直接投资统计公报》历年数据整理。2009 年之前数据为我国对欧洲投资总额减除非欧盟国家投资额计算得出，仅供参考。

21 世纪以来，伴随"走出去"战略的支持引导，中国企业逐步走出国门，探索国际化经营战略，到欧盟国家投资经营的中资企业不断增加，改写了以往中欧投资合作中只有欧盟国家到中国来进行单向投资的局面，并已取得了初步成效。特别是在国际金融危机及欧债危机时期，欧元区经济体持续不确定性使中国投资者能以更优惠的条件收购债务缠身的欧洲公司，而这些欧洲公司以往对中国投资者来说是遥不可及的。由此可见，中欧之间的相互投资差距正一步步缩小，中国在中欧投资合作中的优势也日渐显现。

从发展阶段看，2009 年以前，中国对欧盟直接投资仍处于起步阶段，投资项目数量及规模有限，年投资流量基本维持在 10 亿美元以下，主要集中于英、德、法、荷等欧盟核心成员国的大型投资项目。这一时期欧盟自身处于发展扩张阶段，由于尚未以立法形式明确共同贸易及投资政策，因此对欧盟投资在统计层面并未视作整体。

2008 年国际金融危机后，中国对欧盟投资进入快速增长扩张期，2009 年投资流量即扩张至 29.8 亿美元，是 2008 年投资规模的 6 倍，并在欧债危机爆发时进入阶段性高点。2009—2011 年，中国对欧投资呈爆发式高速增长，由 2008 年的 4.67 亿美元猛升到 2011 年的 75.61 亿美元，3 年增长了 15 倍，并且 2010 年中国对欧盟直接投资首次超过欧盟对华投资，标志着中欧双向投资关系发生实质性变化。这一时期，对欧投资行业和领域亦不断拓宽，成为中欧经济关系的一个亮点，推动了中欧在工业制造业、基础设施、商业物流等领域的深度合作。

2016 年以来，中国对欧盟直接投资进入高位稳定阶段，2017 年首次突破百亿美元大关，并在此后基本维持在 100 亿美元以上。这一时期，欧盟核心成员国在中国企业境外投资中的重要性和市场地位进一步上升。2018 年，德国成为中国企业海外并购的第一大目的地，合同并购额达 130 亿美元，法国排在第二位，为 60 多亿美元，而同期中国对美国投资仅有 30 亿美元。截至 2021 年，中国对欧盟投资存量达 959 亿美元，占对发达国家累计投资总额的近 40%；中国在欧盟设立直接投资企业超过 3000 家，覆盖欧盟全部成员国。

在全球疫情及经济震荡时期，中国对欧直接投资仍保持基本稳定，投资规模呈现稳步上升态势。商务部数据显示，2022 年中国对欧投资 111 亿美元，增长 21%，新增投资集中在新能源、汽车、机械设备等领域。2022 年，欧洲对华投资 121 亿美元，比上年大幅增长 70%。

从具体项目看，中国企业对欧投资亮点纷呈。中国对欧投资在经历了以吉利收购瑞典沃尔沃、美的收购德国库卡等典型案例的井喷阶段后，曾出现较大幅度下滑，但此后呈现恢复性增长势头。例如，高瓴资本收购荷兰飞利浦家电业务，宁德时代在德国投资建设电动汽车电池工厂等。此外，中国对欧洲的风险投资也显著增长，2021 年同比增加 120%，主要集中在德国、英国及瑞典的高科技初创企业。同时，绿地投资也成为中国对欧投资重点，2021 年达 33 亿欧元，超过 2015 年至 2019 年中国对欧盟绿地投资平均水平的 240%。受新能源汽车出口量增加、消费类产品有所反弹等因素影响，中国企业在动力电池等方面赴欧洲开展产业链协同配套的投资明显增加。中远在汉堡港的投资反映出市场对进一步增强物流运输保障、满足信息技术发展对交通运输效率提升的需求。2022 年 9 月，中国动力电池制造商宁德时代在匈牙利工厂项目正式启动。同月，蔚来汽车在匈牙利投资建设的蔚来能源欧洲工厂首座换电站正式上线。

2022 年，宁波东方电缆股份有限公司与欧洲的海洋工程承包商联合获得荷兰国家电网的海上风电项目。该项目总装机容量 700 兆瓦，建成后将帮助荷兰减少二氧化碳排放。

2021 年 2 月，习近平主席在中国—中东欧国家领导人峰会上发表主旨讲话时指出，中国—中东欧国家聚焦务实合作，实现了助力各自发展、增进民生福祉的目标。习近平主席指出，希腊比雷埃夫斯港、塞尔维亚斯梅戴雷沃钢厂、克罗地亚佩列沙茨跨海大桥等一大批合作项目成果喜人。

（二）欧盟对华投资状况

欧盟对华投资起步较早，1979 年 7 月，中国颁布实施《中外合资经营企业法》，该法为首部关于引进外国直接投资的法规，标志着中国开始真正引进外国直接投资，欧洲企业也随之开始在中国进行试探性投资。此后，伴随改革开放政策的不断推进，以及中国国内营商环境的持续优化，欧盟各国对华投资规模持续增长。2022 年全年，欧洲对华投资流量 121 亿美元，增长 70%，汽车领域继续成为投资的最大热点。

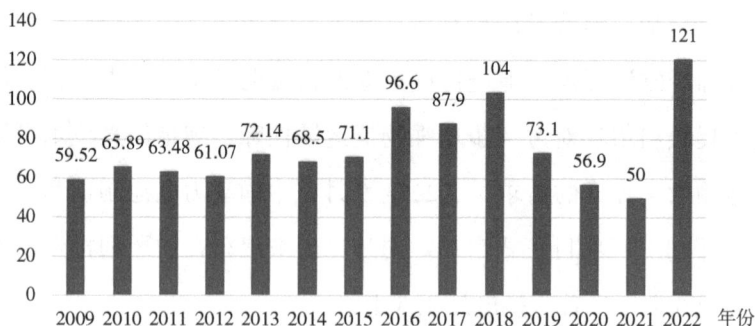

图 5　欧盟对华直接投资历年流量（亿美元）

资料来源：商务部历年《外资统计公报》。

从 1975 年中国同欧洲经济共同体正式建立外交关系到 1990 年中期为"发展期"，欧方积极拓展中国市场，同时也是中国重要的资金和技术引进来源地。进入 20 世纪 90 年代后，欧盟已成为中国主要外资来源地。这一时期，欧盟企业对华投资稳步增长，且增长速度明显高于其他国家的平均水平，使欧盟在中国吸引外资总量中所占的比重，无论是投资项目数、协议外资金额还是实际投资金额都不断增加。特别是自 2002 年开始，欧盟在原"欧盟亚洲投资计划"项目的基础上，又开始施行"欧盟 2002—2006 年对华投资计划"，这一新的战略方针和投资计划直接为中国企事业单位提供了更富有实效的多方面投资，为双边合作提供了更为广阔的前景。此外，欧盟也是中国引进技术和吸收外国政府及官方金融组织贷款最多的地区，这也与中方积极有效地吸引外资的政策密切相关。在投资区域的分布上，欧盟各国企业除继续在中国沿海地区大力开展经济合作外，还积极参与投资中国的西部大开发和振兴东北老工业基地建设。部分欧盟企业正将其在华生产和研发基地向劳动力和土地等成本更为低廉的西部和东北老工业基地转移，这些地区也正成为欧盟对华直接投资的新亮点。

2006 年欧盟发布《欧盟与中国：更紧密的伙伴、承担更多责任》，对华政策出现一些重要变化，加之受意识形态、价值观以及随后爆发的国际金融危机等因素影响，国际环境不确定性因素增多，中欧双向投资进入"竞合期"。《中国外资统计公报 2022》显示，2021 年欧盟对华实际投资 51 亿美元，占中国实际使用外资金额的 2.8%；欧盟在华投资新设企业 2078 家，占中国新设外商投资企业数的 4.4%；行业集中在制造业、租赁和商务服务业、科学研究和技术服务业、批发和零售业以及采矿业。2022 年末，中国对欧盟直接投资存量 1011.9 亿美元，占中国对外直接投资存量的 3.7%，行业集中在制造业、采矿业、金融业、租赁和商务服务业及信息传输、软件和信息技术服务业。

2022 年，欧盟对华投资保持在高位水平。2022 年欧洲对华投资流量 121 亿美元，大幅增长 70%，汽车、化工等领域继续成为投资最大热点。德国巴斯夫公司投资 100 亿欧元，在中国广东湛江建设其海外最大的戊二醇基地，该持续到 2030 年的石化项目将成为巴斯夫的全球第三大一体化生产基地，也是其在欧洲之外最大的一体化生产基地。法国泰雷兹在华合资公司上海电气泰雷兹与同济大学签署协议，共建智慧轨道交通联合工程技术研究中心。德国科技公司默克在中国设立"电子科技中国中心"及首个液晶显示器 OLED 材料生产基地在上海正式落成投产，进一步增强了中国在液晶显示器领域的竞争优势。在汽车领域，奥迪一汽新能源汽车项目在长春市开工，宝马也表示将扩建在华电池项目，成为其德国之外的第一家动力电池中心；全球汽车零部件行业领军企业之一的法国艾菲集团，在武汉追加投资建设艾菲中国研发中心及武汉新工厂项目。欧洲汽车产业相关企业在华投资的快速增长展现出其对中国市场的重视，也将为中国消费者提供更多高质量的消费选择。大众汽车集团投资 24 亿欧元，与中国智能驾驶计算平台提供商地平线共同成立新公司，聚焦自动驾驶领域的技术开发。

从参与投资的企业、投资行业、投资来源国看，欧洲对华直接投资正变得更为集中，2018 年至 2021 年，汽车、食品加工、制药/生物技术、化学品和消费品制造等行业的投资占欧洲对华直接投资约 70%，德国、荷兰、英国和法国对华投资占 87%。此外，绿地投资长期在欧洲对华投资中占据较大份额，2017 年至 2021 年绿地投资占欧洲对华直接投资总额的三分之二。从具体项目看，随着中国努力建设高水平开放型经济并出台一系列扩大对外开放新举措，更多欧洲企业正在抓住商机，在中国兴业发展。2018 年 10 月，宝马集团和华晨汽车集团联合发布消息称，将延长华晨宝马合资协议至 2040 年，同时对华晨宝马的投资将增加 30 亿欧元。同月，德国西门子宣布投资人民币 30 亿元在上海园区内新建实验室，瑞士 ABB 宣布将投资 1.5 亿美元在上海康桥新建机器人工厂，比利时索尔维镇江电子级过氧化氢工厂正式竣工投产。2018 年 11 月，银保监会批准德国安联保险集团筹建安联（中国）保险控股有限公司，成为中国首家外资保险控股公司。

（三）中欧投资发展面临的风险挑战

尽管中欧双向投资始终保持逆势增长，展现出较强韧性，但中欧相互投资未来发展仍面临多种挑战，特别是对欧投资的多重风险不容忽视。

一是国际环境持续震荡，企业境外投资信心意愿走低。世界经济疫后"疤痕效应"长尾持续，衰退风险挥之不去，加之乌克兰危机、巴以冲突等地缘冲突矛盾持续不断，国际格局板块化、碎片化趋势加剧，境外投资的不确定性风险明显加大。在此背景下，企业投资意愿普遍下降，投资步骤延后。欧盟对华投资规模保持基本稳定，但主要集中于大项目。

二是欧方投资壁垒强化，政策及政治性风险上升。近年来，欧盟及主要成员国外资政策及审查制度不断收紧，针对外资投资敏感领域的规定愈加泛化，涉华意图明显。特别是在"卡脖子"关键技术领域，美欧等国家通过长臂管辖、共同政策等手段，已对我形成合围之势，高科技领域对外投资合作愈加受阻。

三是对发展中国家及新兴经济体投资环境不确定性加大，海外资产面临风险挑战。发展中国家及新兴经济体，特别是"一带一路"共建国家对中资态度更为积极，但基础设施和市场环境存在不足。欧美加息背景下，发展中国家普遍面临资本外流、债务风险上升等不利市场环境，复苏进程相对脆弱，对我境外投资安全亦存在挑战。

四是我国境外投资的部分领域产业链供应链风险上升，路径模式有待优化。其中，部分传统制造业的无序外迁可能导致产业空心化，干扰国内梯度转移，降低国内供应链的韧性；部分我具有技术优势的行业，如光伏硅片制造技术，车载激光雷达系统，稀土的提炼、加工、利用技术等，在开展境外投资中面临一定风险。

（四）中欧投资发展面临的机遇与发展趋势

尽管面临风险挑战，但中欧投资合作的底层逻辑和内生动力没有改变，将迎来更多发展机遇。其中，绿色和数字领域的合作方兴未艾。2020年9月，中欧共同建立中欧环境与气候高层对话、数字领域高层对话。在绿色领域，一方面，双方在新能源领域合作具有一定经验和基础，中欧企业已开展海上风电、燃料电池等技术的投资合作，未来在可再生能源特别是绿氢等领域还有巨大合作潜力；另一方面，《可持续金融共同分类目录》发布，将持续推动中欧对双方绿色投融资标准的理解与合作，未来可依托可持续金融国际平台继续扩展投资合作范围。在数字领域，双方在自动驾驶、新能源汽车和人工智能等创新科技产业领域已形成良好数字合作范例，信息通信技术、电子商务等领域可扩展为新的增长点。除此之外，中欧双方也可在食品研发、医疗医药、生命科学等领域积极开展投资合作，助力本国经济向好发展。

总体看，尽管中欧之间在贸易、技术转让、知识产权等方面仍存在一定的摩擦和分歧，这些因素可能对双方投资合作产生一定扰动，但并不会改变中欧经贸关系的基本状态，随着中欧经贸关系的不断深化，双方在投资合作领域的互动将更加紧密。未来一个时期，中欧投资合作有望呈现出以下基本态势：

投资规模增长。近年来，欧盟对华投资规模持续增长。欧盟国家在中国的投资主要集中在制造业、金融服务、科技创新等领域。此外，随着中国市场对外开放的进一步扩大，欧洲企业对中国市场的兴趣也日益浓厚。同时，中国企业对欧盟投资也将经历调整优化，投资方式方法更加多样，对欧方政策的适应性不断增强。

投资领域多样化。欧盟对华投资领域逐渐多样化，除了传统的制造业、基础设施建设等领域外，还涉及高新技术、绿色经济、金融服务等多个新兴领域。中国企业对欧投资的行业分布将进一步优化，除新能源等领域外，在制造业等传统领域的合作也将进一步增加。

企业合作深化。欧洲企业在华设立研发中心、生产基地、区域总部等形式的合作越来越多，这有助于双方资源互补，推动技术创新和产业升级。中国企业在欧设立研发中心、物流中心、生产基地等布局将更加广泛、更为合理。

政策协同及区域合作进一步深入。中欧投资协定等有利于投资便利化的政策体系将持续受到关注及推进，欧盟对华投资合作也表现为区域间的协同发展，如"一带一路"倡议中，欧洲国家将更加积极地参与亚欧大陆的基础设施建设和产业合作。

四、中欧班列发展状况

中欧班列是中欧双方深化经贸合作，共同探索货物贸易陆路运输新模式的成功尝试。特别是在新冠疫情时期，中欧班列在稳定与深化中欧经贸关系上的作用与意义得到进一步深化。中国和欧盟分处亚欧大陆东西两端，分别是世界第二大、第三大经济体，2022 年二者经济总量相加超过世界经济总量的 34%。中欧班列从内陆地区推动了亚欧经济再链接，中国中西部地区的西安、成都、郑州、重庆等城市发展动能不断增强，新疆作为陆上丝绸之路核心区，成为向西开发开放的前沿。中欧班列同样推进欧洲内陆地区快速发展，德国杜伊斯堡、波兰罗兹等城市枢纽地位不断提升。

（一）中欧班列发展进程

中欧班列是依托亚欧大陆桥，按照固定车次、线路、班期和全程运行时刻开行，运行于中国与欧洲以及"一带一路"沿线国家间的集装箱等铁路国际联运列车，是深化中国与沿线及欧洲国家经贸合作的重要载体和推进"一带一路"建设的重要抓手。

中欧班列最早起始于重庆市为吸引全球笔记本电脑企业落地开行的从重庆到德国杜伊斯堡的"渝新欧"国际物流通道。2013 年 9 月，中国提出共建"丝绸之路经济带"重大倡议，国内主要城市陆续开行通往欧洲地区的铁路货运班车。2016 年 6 月，中国铁路正式启用中欧班列统一品牌。中欧铺划了西中东 3 条通道中欧班列运行线：西部通道由中国中西部经阿拉山口（霍尔果斯）出境，中部通道由中国华北地区经二连浩特出境，东部通道由中国东北地区经满洲里（绥芬河）出境。

自 2011 年首列中欧班列开行以来，中欧班列已经开通了 82 条线路，联通欧洲 24 个国家 200 多个城市，基本形成了对亚欧地区全覆盖的交通物流网络。2013 年起，中欧班列开行数量加速攀升。2013 年开行 80 列，2014 年、2015 年、2016 年分别开行 308 列、815 列、1702 列，分别比上年增长 285%、165%、109%。2017 年中欧班列开行 3673 列，当年开行数超过前 4 年总和。2018 年、2019 年、2020 年、2021 年分别开行 6363 列、8225 列、12406 列、15183 列，分别比上年增长 73%、29%、50%、22%。2022 年中欧班列开行 1.66 万列，10 年来累计开行突破 6.5 万列。目前中欧班列已成为联通中国境内 108 个城市，通达欧洲 25 个国家、208 个城市，横跨亚欧大陆的巨型铁路集装箱运输系统，成为名副其实的"钢铁驼队"。新冠疫情导致全球海运、空运不同程度地受阻，特别是 2021 年初苏伊士运河发生货轮搁浅事件，中欧班列保持稳定运营，其韧性和优势得到广泛认可。

中欧班列运输通道 2022 年实现货运量逆势增长，努力消化俄乌冲突带来的影响，重回增速发展轨道。2022 年中欧班列共计开行 1.66 万列，发送 161.4 万 TEU，同比分别增长 9%、10%。

2023 年上半年，中欧班列累计开行 8641 列，发送货物 93.6 万标箱。7 月 29 日 10 时 18 分，随着中欧班列（义乌—马德里）从义乌西站开出，2023 年以来中欧班列累计开行达 10000 列。

（二）中欧班列稳定发展的重要意义

在世界百年未有之大变局加速演进大背景下，稳定全球产业链供应链，推动经济复苏，保持供应链的顺畅稳定意义重大。中欧班列品牌的成功是全球供应链模式体系创新的一次重要实践。中欧班列凭借路网优势，不但使中国制造加速走出国门，更将欧亚大陆紧密相连，实现了政策沟通、贸易畅通、设施联通、民心相通。作为"一带一路"倡议的标志性品牌工程，中欧班列将随着"一带一路"建设的不断深入，打通越来越多的国际通道，搭起沿线国家合作的新桥梁，为世界经济复苏贡献力量。

中欧班列是中国与欧洲贸易深化发展的重要桥梁。中欧班列链接

"线上＋线下"的销售模式，衔接物流与商贸的新业态，以运带贸，以贸促运，践行了"运贸一体化"的战略。中欧班列在新冠疫情期间被誉为钢铁驼队，通过有效联通国际经济走廊，形成了稳定的跨境运输线路，盘活了欧亚铁路运输系统，运输需求呈上涨之势。如今，已成为稳定国际供应链的重要载体，中欧班列在"降低成本""优化服务""提高运营品质"的服务宗旨下高质量、常态化运行，持续深化了国际联运合作，成为国际产能合作的一张亮丽名片。

中欧班列是共建"一带一路"的重要典范工程。古丝绸之路作为横亘于亚欧大陆上的重要贸易通道，以驼队为载体、以质轻价高货品为主，造就了一批从中国到中亚、西亚和欧洲地区沿途的商贸中心，丝绸之路推动世界不同文明间的交流互鉴，是全人类共同的文明成果。但是，地理大发现和欧洲工业革命后，随着全球海运兴起，海运以其低成本、大批量成为主要物流形式，推动了全球经济重心逐步向沿海地区转移，亚欧大陆内陆地区商贸中心逐渐衰落。中欧班列沿线各国基于"一带一路"共商共建共享原则，商定出"五定"（定点、定线、定时、定车次、定价格）、"三互"（信息互换、监管互认、执法互助）等新机制，实现了"软联通"与"硬联通"成功结合。10年来，中欧班列从"一条线"发展成"一张网"，线路覆盖从"点对点"向"枢纽式"联动发展。

中欧班列在亚欧大陆间物流系统中发挥了重要的结构性优势。其运输时效快于海运，成本低于空运，中欧班列不是海运的替代，而是有益补充。中欧班列的快速发展表明，亚欧间海运系统尽管长期发展、体量巨大，但陆运仍有发展空间。中欧班列是本已存在的亚欧大陆内陆地区市场空间的再发现，正成为新时期塑造亚欧内陆经济格局的重要推动力量。2016 年，TCL 波兰工厂将原材料运输转向中欧班列，所需时间从海运 38 天缩减至 16 天，通过中欧班列这一"移动的仓库"实现了原材料零库存。现在早上收到零部件，用 1 天时间生产，即可迅速投放至欧洲市场，又做到了成品零库存。正是有了中欧班列，TCL 波兰工厂建立了精益生产组织模式，不同于丰田精益生产的本地化特征，TCL 波兰工厂实现了"全球流动的即时生产"。2023 年中吉乌铁路动工，该铁路将成为中国到西亚和欧洲的最短线路，货运路程较当前途经俄罗斯缩短 900 公里，节省时间 7 天至 8 天。中吉乌铁路将连通中欧班列的中线和南线，进一步扩大覆盖范围和提升运行效率。以铁路运输为骨干，铁海联运、公铁联运、空铁联运等多种形式不断拓展，未来中欧班列辐射更宽广、路网更细密。

（三）中欧班列的发展前景与机遇

经过 12 年的发展，中欧班列已经成为"一带一路"的重要示范项目，不仅得到中国和沿线国家重视，也在其他国际市场上受到欢迎。在过去的 12 年里，中欧班列开行规模由少到多，开行质量由低向高，联通范围由小到大，运行功能由窄到宽，为中国与"一带一路"沿线国家合作提供了良好经验和启示。特别是在新冠疫情暴发以后，中欧班列成为中国和沿线国家合作抗击疫情的重要支撑。

中欧班列正在重塑亚欧大陆内陆地区经济地理格局，赋予每个节点新的发展势能，并依托这一体系和市场化力量，进一步增强亚欧大陆东西两端的产业链供应链联系。随着产业链供应链不断延展，未来与之相伴的资金链、人才链、创新链将不断创造出来。当前 RCEP 全面生效正带动中国与东盟经贸合作提质升级，中欧班列将进一步把东亚、东南亚、中亚、西亚和欧洲大陆连接起来，实现整个亚欧大陆商品、资本、技术、市场的深度融合，为亚欧各国创造更加美好的未来。

总体来看，近年来中欧班列的管理体系不断优化，运行状况持续升级，展现出良好的发展态势，为班列的长期稳定运营及高质量发展奠定了坚实基础。

一是[①]通道能力稳步增长。完成一批铁路口岸及后方铁路通道补短板项目，中欧班列通道运输能力提升，二连浩特铁路口岸宽准轨接发列车线路增加至30条，实现宽轨场、准轨场、换轮库、边检场"四场合一"，提升了作业效率；满洲里口岸新建国际货场投用，中欧班列日换装能力由420标箱提升到840标箱。同江铁路口岸首开中欧班列，与满洲里、绥芬河形成口岸集群，进一步提升了中欧班列东通道运输能力。中欧班列枢纽节点建设加强，西安国际港站货物装卸线路由19条增至29条，改造12条货物线，具备直接发车功能，装卸能力提升30%；沈阳蒲河站2023年3月正式投入运营，具备每年1500列中欧班列的作业能力，并首次探索铁路与海关共享安检设施。积极探索中欧班列跨越黑海、里海南通道线路开发，推进境外通道多样性建设，努力打造"多向延伸、海陆互联"的运输服务网络。

二是运输时效保障有力。中国境内目前已铺画时速120公里的中欧班列运行线86条，铁路部门优化中欧班列运输组织，灵活调整作业流程，补强设备设施和作业人员，对中欧班列优先承运、优先装车、优先挂运，确保安全稳定高效运行；各大铁路口岸站对中欧班列实行优先办理，与海关、边检强化沟通协调，提升口岸通关效率。扩大全

---

① 人民网，2023年7月29日有关报道。

程时刻表中欧班列开行规模，西安至德国杜伊斯堡双向线路由每周 1 列加密为 2 列，运行时效稳定在 12 天。新增成都至波兰罗兹双向线路、德国杜伊斯堡至西安回程线路全程时刻表中欧班列，运行时间均压缩 5 天以上，受到市场广泛欢迎。中国铁路乌鲁木齐局集团公司与哈萨克斯坦铁路部门建立定期口岸铁路运输会商机制，提前通报双方列车开出、查验及到达时刻，提升口岸交接车效率。

三是服务品质持续提升。中欧班列客户服务中心持续提升国际铁路物流品质，为客户提供全天候业务咨询、应急处置、全程保险等服务。加强中欧班列信息集成平台建设，实现中欧班列开行信息自动采集、开行计划管理、货车追踪、安全装载自动检测等功能，进一步提升了中欧班列的信息化管理水平。适应客户多样化运输需求，发展中欧班列冷链运输，可快捷装运荔枝、龙眼、香蕉、火龙果等经济作物，广东面膜、上海唇膏等商品也可搭乘中欧班列冷链车厢，快速前往欧洲。为客户提供定制化服务，山西开行的中欧班列将大同的药品、忻州的法兰、朔州的陶瓷、晋中的玻璃器皿、吕梁的核桃等特色产品送出国门、走向世界。2023 年以来，中欧班列运输的新能源整车及配件、高端机械设备、智能手机等高附加值、高科技产品占比明显增加，玩具、棉纱、茶叶等定制班列也大量开行。

四是辐射带动效应日益凸显。目前，中欧班列运输服务网络基本覆盖亚欧大陆全境，有效扩大了中国与沿线各国的经贸往来，深化了国际产能合作，加速了要素资源跨国流动，辐射带动效应日益凸显。江西赣州开行的中欧班列，让赣州市南康区家具厂跨境业务成倍增长，吸引和带动格力电器、大自然家居、美克家居等企业落户南康。广西柳州 2023 年以来始发的中欧班列货物中，重型机械占 97% 以上，助力"广西制造"国际竞争力不断提升。西班牙马德里是欧洲最大的小商品集散地，义乌至马德里的中欧班列将越来越多种类丰富、品质有保障的中国商品运抵西班牙，马德里逐步成为欧洲、非洲乃至拉丁美洲国家客户的主要进货地之一。

对于中欧班列的未来发展前景，《中欧班列发展报告》指出了三方面的发展愿景：一是巩固中欧班列发展基础。中国将与沿线国家和地区深化贸易畅通，共同做大经贸合作基本盘；推进重大基础设施项目建设，打通"堵点、卡点"，全面提升中欧班列基础设施保障能力；共同完善中欧班列服务体系，进一步提升在国际运输市场上的竞争力。二是稳定中欧班列发展态势。中国将持续推进与沿线国家和地区深化政治互信，密切政府间合作，坚持共同、综合、合作、可持续的安全观，防范化解重大风险，构建市场化经营秩序，共同为中欧班列营造稳定、安全、可持续的发展环境。三是提升中欧班列发展质量。中国将积极与沿线国家和地区加强市场对接、规划对接、平台对接、项目对接，充分发挥中欧班列对经济社会发展的带动作用，共建繁荣班列、数字班列、绿色班列、共享班列、人文班列，与沿线国家和地区一道共享中欧班列发展机遇。

五、中欧多领域合作概况 [①]

此外，中欧在财政、金融、工业、农业、交通、信息技术、环保、水利、新闻出版、社会、卫生、司法、行政等领域也开展了富有成效

---

① 据外交部官网信息，中欧迄今已建立 70 余个磋商和对话机制，涵盖政治、经贸、人文、科技、能源、环境等各领域。

的对话与合作。

（一）科技合作

科技合作是中欧各领域合作的重要"排头兵"，也是中欧全面战略伙伴关系中重要而必不可少的组成部分。中国是欧盟高科技产品的重要进口来源地和最大的高等教育留学生来源国，欧盟则是中国技术引进的主要来源地。中欧科技创新合作互补性强，在产学研合作、联合研发等方面成果丰富，具有十分广阔的合作前景。

从发展历程看，中欧正式开展科技合作始于20世纪80年代。1981年11月，中国与欧共体正式建立科技合作关系。1998年，基于中国与欧委会当时的科研总司、能源总司和信息总司等机构的成功合作，双方共同签订《中欧科技合作协定》，并于2004年、2009年和2014年续签。2003年，中国同欧盟签署"伽利略计划"合作协定，成为第一个参加该计划的非欧盟国家。2009年5月，中欧签订《中欧科技伙伴计划》，标志着双方科技合作开始从以欧方为主导向中欧平等合作的伙伴关系转变。2010年，中欧签署《关于特别鼓励中欧中小企业开展能源科研创新合作的联合声明》，中国建立"中欧中小企业节能减排专项基金"，用以支持双方中小企业在新能源、可再生能源等领域开展科技合作。2012年9月，第十五次中欧领导人会晤期间，双方签订《中欧创新和对话联合声明》，宣布建立全面的年度创新合作对话，并于2013年11月在京召开首次对话。2015年9月，中欧科研与创新联合资助机制启动。2022年4月，中欧签署新一轮联合科研资助协议。2022年5月，中欧双方成功举办中欧科技合作指导委员会第15次会议，这是中欧领导人会晤后双方召开的首个中欧部门间机制性会议。

从科技合作治理体系看，与中美科技合作自下而上的发展模式不同，中欧科技合作是以政府为主导，以自上而下的方式进行的。1981年至1998年，中欧科技合作表现为一对多的集中管理模式，在这一时期，中方由当时的国家科委统一负责对欧科技合作，而欧委会的能源总司、信息总司及成员国相关部门均具有对华开展科技合作的管理职能。此时中国与欧共体的科技合作多采用援助性、示范性的方式，欧共体作为主导，中国处于被动地位，人员培训、专家互访等各项费用基本由欧共体承担，中欧合作切实提高了国内科研人员的研究水平，积累了国际合作研究经验。

1998—2015年，中欧科技合作进入多头管理模式。1998年，《中欧科技合作协定》签订，从制度层面确定了双方的合作机制，中欧科技合作取得突破性进展。协定规定的"中国继续作为发展中国家参加欧盟的为了发展的研究活动"保障了中国不但可作为平等伙伴参加欧盟框架计划的主体部分，而且继续在框架计划的国际合作专项（INCO）中享有发展中国家的受援待遇。从此，中国的科研机构和人员不需要通过国家科委（科技部）作为中介，可以直接与其建立联系共同申请框架计划的资助。由此，这一国家层面的协定使中欧合作的"一对多"模式转变成为"多对多"的多头管理模式。中欧科技合作进入了全面开花、蓬勃发展的阶段，虽然总体上双方的合作还是自上到下政府导向为主，但科研人员和企业对外交流意识增加，主动性也明显加强，双方共同形成了很多固定的合作伙伴，以自下而上的方式共同推动了中欧科技合作的进程。但就合作方式而言，由于中国还处于框架计划中规定的发展中国家序列，所以援助性、示范性合作外方机构主导合作项目依然占主流。据调查，在中方单位参与的所有项目中，由外国机构发起的占 70.16%，中方机构发起的占 3.23%，中外共同发起的占 26.61%。参与欧盟研发框架计划的中方单位有 82.4% 是由外国机构邀请参与框架计划，8% 是通过中方单位邀请参加的。

2015 年至今，统筹协作管理模式。在 2014 年开始执行的"地平线 2020 计划"中，中国和其他新兴经济体不再自动获得"地平线 2020"项目资金，中国参与者必须自行寻找资源（现金或实物），作为他们身为 H2020 项目参与方的贡献，中欧科技合作的灵活性进一步提升。在 2015 年 6 月举行的"第 17 次中欧峰会"期间，中欧共同倡议设立联合资助机制（CFM），根据这一机制的规定，从 2016 年起，中国科技部将为中方机构参与"地平线 2020 计划"科研创新项目及科研人员的交流提供资金支持。2016—2020 年，中欧分别筹集 15 亿欧元和 5 亿欧元用于联合资助计划。从此，中方作为主持人的欧盟研发框架科研项目统一在科技部网站上提交申请，中方科研人员主持的项目比例也会大幅度提高。

从合作成果看，中欧科技合作保持快速增长。SCI-Expanded 数据库中欧合著科技论文数据显示，2012—2020 年中欧科技合著论文数量从 1.3 万篇增至 4.8 万篇，年增长率达 14% 以上，高于中国与亚太地区及北美地区合著的增长率。特别是自"一带一路"倡议提出以来，部分欧洲国家与中国的科技合著论文数量明显增多。从合作领域看，中欧科技合作较多的科技论文主要集中在材料科学、环境科学、电机与电子工程、物理化学、应用物理、化学、天文学与天体物理学和粒子与场物理等领域。

此外，OECD 相关信息显示，2012 年至 2019 年，中欧合作发明的 PCT 专利申请数累计达 4030 件，占同期欧盟国际合作发明 PCT 专利申请数的 8.7%，占同期中国的 22.4%。在中国发明、由欧盟拥有的 PCT 专利申请数累计达 8130 件，占所有在欧盟境外发明、由欧盟拥有的 PCT 专利申请数的 13.4%。随着越来越多的中国企业赴欧投资，欧盟成为中国海外研发活动的重要目的地。2012 年至 2019 年，在欧盟发明、由中国拥有的 PCT 专利申请数累计达 2827 件，占所有在中国境外发明、由中国拥有的 PCT 专利申请数的 21.5%。

中欧技术贸易和投资相互依存度上升[①]。中欧高技术贸易具有较强互补性，在货物形态、服务形态的高技术上互为重要的进口来源，其背后是双方在全球高技术产业链中成熟的梯度分工。近年来，中欧高技术贸易有所强化。UNcomtrade 数据库信息显示，2012 年至 2021 年，中国对欧高技术产品出口额累计 4275.7 亿美元，占欧盟高技术产品进口额的 23.8%。世界贸易组织数据显示，2012 年至 2020 年，欧盟对华知识产权出口额从 27.6 亿美元增至 110.8 亿美元，占中国知识产权进口额比例从 15.6% 提高到 29.4%。从中欧相互投资情况看，目前科学研究和技术服务业是欧盟对华投资的第三大行业，2021 年欧盟在华新设科学研究和技术服务业企业达 400 家，占欧盟在华新设企业数的 19.3%。中国欧盟商会对欧盟在华企业调查显示，超过 70% 的受访企业 2020 年至 2022 年增加了在华研发支出。信息传输、软件和信息技术服务业是中国对欧投资的第三大行业，2021 年该行业中国对欧投资 10.8 亿美元，占中国对欧投资额的 13.7%。欧盟中国商会调查显示，中国企业正通过在欧设立研发中心和实验室、销售高附加值技术产品等方式加大科研合作。

---

① 黄宁，中欧科技合作枝繁叶茂，经济日报，2023 年 4 月 26 日。

（二）气候变化合作

气候变化是中欧合作的重点和亮点领域，双方具有较为广泛的共同利益与战略共识，已建立起较为全面的合作机制。2005年，中欧发表气候变化联合宣言，建立了气候变化伙伴关系。2006年，中欧气候变化工作组启动；同年，双方达成气候变化合作滚动工作计划，提出了气候变化影响与适应、清洁技术等诸多合作领域。此外，中欧在省级应对气候变化方案制订、清洁发展机制能力建设及碳捕集和封存技术研发等领域也开展了丰富的合作。2010年4月，双方建立气候变化部长级对话。2015年6月，中国和欧盟在布鲁塞尔发表中欧气候变化联合声明，共同面对全球气候变化这一重大挑战。2017年9月，欧盟、加拿大和中国共同发起的第一次"气候行动部长级会议"在加拿大蒙特利尔成功举行。2018年6月，第二次"气候行动部长级会议"在布鲁塞尔举行。2018年第二十次中国—欧盟领导人会晤发表《中欧领导人气候变化和清洁能源联合声明》。2020年7月，时任国务院副总理韩正同欧盟委员会第一副主席蒂默曼斯举行视频会见，双方就气候变化领域合作达成广泛共识。2020年9月，习近平主席同德国、欧盟领导人举行视频会晤，中欧决定建立环境与气候高层对话机制，打造中欧绿色合作伙伴。2021年2月、9月和2022年7月，韩正副总理同蒂默曼斯执行副主席举行三次中欧环境与气候高层对话，并在第二次对话后发表联合新闻公报。

中欧在国际领域的气候变化合作不断深入。中欧合作的互利与开放性、对话的广泛性促进了全球治理深入发展。近年来，作为全面战略伙伴以及当今世界的两大独立力量，中欧双方就应对气候变化等全球性重大问题多次协调立场和开展合作，这种合作给双方都带来了实实在在的利益。党的二十大报告提出，中国将积极稳妥推进碳达峰碳中和，深入推进能源革命，加快规划建设新型能源体系，积极参与应对气候变化全球治理。展望未来，中欧在气候变化领域的合作方兴未艾，深化绿色伙伴关系面临新机遇。双方可进一步加强政策规划协调对接，本着《联合国气候变化框架公约》精神、《京都议定书》以及《巴黎协定》的各项原则，主动承担同国情、发展阶段和能力相适应的环境治理义务，提升技术创新合作水平，积极发挥各自优势，在能源绿色低碳转型、应对气候变化、环境保护等领域打造更多合作亮点，努力推动中欧绿色伙伴关系走深走实。

（三）数字合作

新冠疫情深刻凸显了数字技术在经济复苏和社会治理方面的重要作用。数字合作正成为中欧合作的新亮点和双边关系新的增长点，构建中欧数字合作伙伴关系已经成为双方发展愿景和共同追求，中欧应该秉持共商共建共享的原则，在对话中弥合分歧，加强数字政策协调与数字技术合作。近年来，中欧数字合作机制化进程已基本成型。为提升数字竞争力和话语权，中欧相继出台了各自的数字战略，在数字转型和数字主权上提出了各自战略目标。在此背景下，2020年9月，习近平主席同德国、欧盟领导人举行视频会晤期间，中欧就建立中欧数字高层对话机制、打造中欧数字合作伙伴达成共识。2020年9月10日，时任国务院副总理刘鹤和欧盟委员会执行副主席韦斯塔格以视频形式共同主持召开首次中欧数字领域高层对话，就加强数字领域合作达成重要共识。

后疫情时期，依托互联网、大数据、人工智能等技术赋权的数字经济，将成为推动中欧开展深度合作新的重要抓手。中欧有望在数据安全、隐私保护等领域取得新进展，这将为中欧在政治、经济和人文等多领域合作注入新活力。据商务部、国家统计局和国家外汇管理局发布的《2021年度中国对外直接投资统计公报》数据，从整体行业分布看，"信息传输/软件和信息技术服务业"是2021年中国企业投资欧盟的第3大行业，投资额10.8亿美元，占比为13.7%，主要流向德国、荷兰等国。

中欧开展数字规则与标准合作，有利于完善国内数字监管制度体系。欧盟在规范监管数字经济，尤其是重视数据安全、保护公民隐私方面具有一定制度优势，欧方的《通用数据保护条例》（General Data Protection Regulation）等法规条例在全球范围内发挥了"布鲁塞尔效应"。中国近年来陆续出台《中华人民共和国个人信息保护法》等一系列强调数据隐私保护的法规条例，但相较于西方国家仍有进一步健全和完善空间。加强中欧数字规则合作，积极参考利用欧盟现行的数字经济框架与市场监管方面的丰富经验，将为中国提供极佳的参考范本，可以帮助中国进一步完善数字产业行业规范。

（四）能源合作

中欧同为化石能源净进口方，在全球能源供应形势持续紧张，气候变化冲击不断加剧的背景下，能源转型应对气候挑战的紧迫性和必要性不断上升。推动能源和发展模式转型已成为中欧应对挑战的治本之道和必由之路，双方合作潜力巨大、空间广阔，未来可在可再生能源合作领域的基础上，深化能源效率、氢能、储能、热泵、碳捕集等前沿技术领域合作，破解绿色能源获取、储存、运输、产业运用和体系整合等方面的瓶颈，为全球可持续发展贡献更多力量。

在机制建设方面，1997年，双方建立能源工作组会议机制。2004年，双方签署和平利用核能研发合作协定。2005年，建立中欧能源交通战略对话机制。2009年，双方先后签署《中欧清洁能源中心财政协议》和《中欧清洁能源中心联合声明》。双方在国际热核聚变试验反应堆计划（ITER）、氢能、燃料电池、生物燃料、风电、洁净煤、能效与可再生能源等领域开展技术合作。2010年4月，设立在清华大学的中欧清洁能源中心正式揭牌。2012年5月，中欧高层能源会议在布鲁塞尔举行，宣布建立中欧能源消费国战略伙伴关系。2013年11月，第六届中欧能源对话会在华举行，双方签署了《中欧能源安全联合声明》。2016年7月，双方签署了《中国—欧盟能源路线图（2016—2020）》。2017年，双方签署了《中欧能源合作路线图2017—2018年度工作计划》。2019年4月，双方举办第八届中欧能源对话并签署《关于落实中欧能源合作的联合声明》。2022年3月，第十次中欧能源对话以视频形式举行。

绿色能源合作项目是中欧能源合作的重要支撑。近年来，中欧在能源、特别是绿色新能源领域合作不断深化，大型项目持续落地。其中，在可再生能源领域，由明阳风电集团供应涡轮机的意大利塔兰托港海上风电项目正式投入运营；中国北方工业公司建造和运营的克罗地亚塞尼风电项目落地，上海电气为该项目提供涡轮机；上海电力（马耳他）与马耳他政府合资投建的黑山莫祖拉风电站顺利竣工；中国建材工程集团承包建设的葡萄牙Solara4项目是欧洲单机容量最大的光伏电站。在电池等绿色能源新兴领域，中欧之间强强联合的潜力巨大，如欧盟曾不断强调构建其本土电池产能的重要性，宁德时代计划在匈牙利德布勒森投资建设年产能 100 吉瓦时的电池工厂，是该公司继德国图林根州工厂后的第二个重大项目，借助匈牙利等中东欧国家与德国汽车产业链深度融合的优势，助力德国及欧洲汽车行业向电动车赛道转型升级。奔驰、大众等均有意愿成为宁德时代欧洲工厂的合作伙伴，匈牙利外交与对外经济部长西雅尔多认为，德布勒森项目将助力匈牙利进一步巩固其全球电池生产领军地位。

（五）文教、青年合作

中欧高级别人文交流对话机制是中欧双方为加强人文交流搭建的高层次平台，建立于 2012 年。2020 年 11 月，时任国务院副总理孙春兰同欧盟委员会创新、研究、文化、教育、青年委员加布里埃尔以视频方式共同主持中欧高级别人文交流对话机制第五次会议。1994 年，上海交通大学中欧国际工商学院成立。2007 年，中欧签署加强教育合作的联合声明，建立教育政策对话机制。2008 年，中国政法大学中欧法学院成立。2009 年，中欧签署《语言合作联合声明》和《中欧清洁与可再生能源学院》财政协议。

2003 年，中欧签署关于加强文化交流与合作的联合声明。2010 年10 月，首届"中欧文化高峰论坛"在布鲁塞尔举行。2012 年为"中欧文化对话年"，2 月在布鲁塞尔举行对话年开幕式，11 月在北京举行对话年闭幕式。2014 年，第四届"中欧文化高峰论坛"在巴黎举行。2011 年为"中欧青年交流年"，这是中欧建交以来双方联合举办的第一个主题年。2017 年为"中欧蓝色年"，双方就海洋保护、海洋科技和蓝色经济开展了一系列活动，并在深圳举行"蓝色年"闭幕式。2018 年为"中国—欧盟旅游年",双方在此框架下举办一系列活动。1 月在意大利威尼斯举行开幕式,11 月在陕西西安举行闭幕式。2019 年,双方举办中欧蓝色伙伴关系论坛和中欧海洋综合管理高级别对话。

第四部分　影响中欧经贸关系发展的主要因素

近年来，受到中美关系、新冠疫情、乌克兰危机等重大事件影响，国际政治及经济格局出现深度调整，我国构建新发展格局、开展对欧多领域合作的外部环境呈现新变化新趋势新特征。其中，地缘政治对中欧经贸关系的影响愈加凸显。此外，贸易投资政策、技术及气候变化等因素也是影响中欧经贸关系发展的重要因素。

一、地缘政治因素对中欧经贸关系的影响

（一）国际环境深刻复杂调整，中欧合作格局面临解构重整

大国博弈加码、地缘纷争升级，中欧关系在欧盟对华"三重定位"影响下复杂性亦将上升，如何精准把握合纵格局，中欧各自政治外交智慧面临时代"大考"。

东西方意识形态之争、南北方综合实力消长，传统国际治理体系或面临新一轮碎片化与艰难重整。新冠疫情大幅度撕裂国别和区域间传统信任关系，强化各方主体的道路、模式、制度隔阂，从多层面暴

露出现有国际治理体系的不足。与此同时,"十四五"时期是我国全面构建新型大国关系、迈向世界舞台中央的关键期,高质量推进"一带一路"合作,以构建人类命运共同体为目标参与引领国际治理体系改革,需要发挥更多中国智慧、中国思路、中国力量。

欧美西方政策对我国锚定强化,稳定对外关系、扩大对外合作面临新挑战、新任务。"十四五"时期,我国对欧美西方国家合作挑战将明显上升,但这亦将是我国进一步扩大开放、推进供给侧结构性改革、主动塑造产业自主与寻求合作模式创新的压力外源。预计我国对发达国家多领域合作将进入新一轮优化扬弃与布局调整期。

(二)新时期稳定与扩大对欧合作的意义进一步凸显

面对后疫情时期国际环境日益复杂趋紧,保持对欧政治经贸关系的稳定,对维系我地缘格局缓冲、扩大做好"外循环"的意义进一步显著上升。尽管疫情后经济复苏面临多重困难,但中欧关系不存在全面对抗与脱钩基础,以新模式应对新挑战,亦可从中挖潜中欧关系深化发展系列新机遇与抓手。

一是绿色新抓手。绿色与气候变化是欧委会的优先政策核心,"绿色新政"亦被称作欧盟"新增长战略"。欧盟复苏计划也将绿色定位为经济复苏关键驱动,预计将受到复苏基金重点扶持。中欧在绿色与环保领域合作基础扎实、共识广泛、意愿强烈。因此,"言必称绿色"将成为疫情后把握欧方市场契机、规避欧方政策壁垒的关键新抓手。"十四五"时期要进一步深入挖潜中欧绿色合作新空间,探索中欧多领域绿色合作新模式。

二是数字新抓手。欧委会以"绿色与和数字化的欧洲经济双转型"

为施政重点，复苏计划亦强调"绿色与数字双轮驱动"。尽管欧盟在数字安全、5G等领域对我规制掣肘扩张，但其始终重视我技术实力并以多种方式寻求合作。把握好"十四五"时期数字新抓手，要摒弃粗放式市场开发，以对话促合作、以点带面消除欧方疑惧，进一步提升合作精准实效性。

三是金融新抓手。欧盟复苏计划中，7500亿欧元债券融资预计将为中欧金融市场带来重大合作新契机。应密切关注欧方复苏计划政策落地动向，组织我金融主体积极对接。此外，"十四五"时期还可加强中欧在人民币国际化、数字货币、非美支付结算等领域的互利合作。

四是科技新抓手。欧盟复苏计划突出强调科技含量，我对欧研发合作机遇上升，在医疗防疫、数字平台、人工智能等领域或出现大量商业研发合作新契机。应做好政策研判与企业合规督导，重视欧方在知识产权、技术输出、合作主体方面的具体关切，既要全面把握新机遇，更要避免授人以柄。

二、中欧贸易投资政策及其影响

2023年是中欧建立全面战略伙伴关系20周年。尽管近年来中欧关系影响因素增多、挑战加大，但正如欧盟峰会联合声明所述，中国与欧盟互为最重要的经贸伙伴之一，双方在全球挑战性议题领域仍然具有强大的合作潜力。

（一）新形势下的欧盟对华贸易政策与主张

2020年6月，欧委会启动了贸易政策全面评估，为新时期欧盟贸易政策方向寻求共识。2021 年 2 月，欧委会发布《开放、可持续和坚定自信的贸易政策》新文件，全面阐释了欧盟贸易政策立场和主张。该文件就欧盟未来 10 年贸易政策提出相关方案并为 2030 年做准备。其中，绿色转型、数字化转型、伙伴关系建设、贸易协定实施和执行几方面为欧盟新贸易政策的重点。

关于支持数字化转型和服务贸易的内容，欧盟出台的《通用数据保护条例》（GDPR）不仅限于处理个人数据的欧盟公司，还适用于在监控或处理个人数据的任何公司。因此，一家位于美国的公司虽然在欧盟没有经营机构，但如果公司出售服装并且欧盟居民可获得该公司的商品，且公司在其营销或经营过程中收集欧盟居民的信息，则可能受到 GDPR 制裁。在欧盟新贸易政策下，责任主体为个人数据控制者或处理者，无论其是否在欧盟境内。根据企业的业务以及数据内容，涉及 GDPR 合规的可能不限于法务、合规部门，还包括人事、信息、安全、采购、市场营销等部门。因此，在新情况下，中国企业想要有效应对欧盟数据保护，建议在产品和业务开发的早期就融入数据保护理念；如果企业涉及数据跨境传输，应选择符合企业业务和数据跨境传输实际情况的跨境传输机制，降低自身风险。以华为公司为例，其官网设置 GDPR 合规中心页面，明确华为作为数据控制者的责任，详细地向用户介绍该公司在 GDPR 方面的合规建设。

在加强伙伴关系建设方面，新贸易政策提出注重深化与欧洲其他国家的贸易和经济关系，加强与非洲国家的交流。欧盟近年来主要推动的协议包含与澳大利亚、印尼、新西兰、菲律宾的自贸协定，以及与中国的中欧双边投资协定谈判。2020 年 12 月 24 日，英国与欧盟宣布达成贸易协议，协议内容包含贸易协定、保障公民安全、强化履约管理"三大支柱"。从 2021 年开始，英欧贸易商品将继续享受零关税、零配额待遇，但会增加新的边境审查手续。

在绿色转型方面，2020 年 3 月，欧委会公布《欧洲气候法》草案，决定以立法形式明确欧洲到 2050 年实现碳中和；2023 年 3 月 10 日，欧洲议会更是通过立法倡议，拟由欧委会在年内推出关于实施尽职调查的供应链法案，以确保欧盟内部甚至是进入欧盟市场的企业均需在其全球产业链上遵守欧盟有关的人权、环保和良治方面的标准，这意味着新贸易政策对于气候和可持续性的关注有增无减。中国企业对欧投资在数字经济和绿色经济方面仍存在较广阔机遇，但同时也面临欧盟加强监管和执法的挑战。鉴于中欧关系的复杂性，欧盟在开展对华绿色领域合作中将更加注重对政策工具的运用，以保护自身利益。

（二）新形势下的欧盟外资政策及影响

近年来，欧盟及其成员国外资审查政策不断强化，根据新冠疫情以来欧盟发布的一系列新政策和倡议，后危机时期相关政策可能面临进一步升级，中企在欧投资活动或面临新冲击。2023 年 1 月 12 日，欧盟《外国补贴条例》对获得外国补贴的企业在欧并购、竞争及其他经济活动中设置了新的监管机制，使得中企在对欧投资中将面临"反外国补贴""反垄断"和"反外商直接投资审查"三重审查机制。6 月 20 日，欧委会在"欧洲经济安全战略"中再次计划强化外国直接投资审查机制，尤其是投资欧盟境内关键基础设施或并购欧洲重要企业。在多重审查压力之下，中企将欧洲作为"走出去"战略目标的前景将困难重重。

新冠疫情以来，中国境外投资发展趋势出现明显调整，但欧洲仍是最受中国投资者欢迎的海外投资目的地之一。根据中国贸促会研究院的调查数据，67.4%的受访中国企业将欧洲列为首选投资目的地或三大投资目的地之一。但欧盟因经济受到疫情的严重影响，采取了一系列经济援助措施以及《欧盟外资审查条例》等投资紧缩政策，以保护受创的本国企业。对正在进行的并购交易而言，收紧的外国投资政策可能会打乱并购安排，交易时间将面临被显著延长的风险；对未来要进行的交易而言，交易不确定性大大增加，交易时间延长，将影响欧盟卖家选择中国投资者作为交易对手的态度。因此，如果企业正在进行或有计划进行并购交易，除了交易前进行充分评估，注意东道国的外资投资审查机制，展开各方面的尽职调查，更要注意转让方的态度及策略改变，预留充分时间做好准备应对监管部门可能提出的额外要求，积极开展交易谈判。

在当前政策背景下，对欧"间接式"直接投资可能进一步增多。近年来，众多遭遇"双反"壁垒的中国企业在国外建立工厂加工、组装再出口，希望借此规避被加征"双反"税。众多中国制造业企业选择在东南亚、中东等国家和地区设厂。但这一趋势业已受到欧盟方面的关注，随着越来越多的越南纺织品出口到欧亚经济联盟，越南工贸部称将再次受到欧亚经济委员会的警告，一旦超过"触发准位"，欧亚经济联盟可能对其发起反倾销调查，征收惩罚性关税。已在第三国投资生产输欧盟产品的中资企业，应抓紧熟悉相关规则和案例，积极防范日后可能遭遇的反倾销调查。计划在第三国设厂的中资企业则要选择能够最大限度地实现当地化生产的产品，提高被反规避的胜诉率；对难以提高本地化率的产品要争取技术升级，提高产品价值，降低被"双反"和反规避的概率。

（三）欧盟对华经济安全政策体系及应对思路

近年来，欧委会及欧洲议会针对经济安全问题的讨论明显增加，但截至 2023 年，"欧洲经济安全战略"及相关政策体系尚未完整成型，欧盟对相关的讨论仍在持续，未来欧盟在经济安全等领域的政策动向存在不确定性的前提下，我国应以当前中欧经贸关系所面临的问题为出发点，针对性制定短期和中长期应对措施。

在外资安全政策方面，目前欧盟外资安全审查及反垄断审查政策已全面实施，《外国补贴条例》已于 2023 年 1 月 12 日生效。对于相关政策的未来实施与调整，中企自身还需要多渠道加强对欧盟政策的分析和理解，以更好地应对合规风险。这就意味着对欧绿地投资仍面临相对宽松的投资环境。近年来，在中资企业对欧并购业务萎缩的同时，在欧绿地投资出现明显增长。2022 年，中国对欧绿地投资总额达 45 亿欧元，同比增长 53%，占中国对欧直接投资总额的 57%，自 2008 年以来首次超过并购规模，标志着中企在欧投资方式的重大转变。此轮绿地投资主要受到中国电动汽车电池投资的推动，这也使得中企成为欧洲绿色转型的主要参与者。因此，在当前欧盟尚未进一步加强外国绿地投资监管和审查的情况下，我国应鼓励并支持有意布局欧洲的中企，特别是与欧盟绿色转型相关的企业以绿地投资替代并购的方式来"进军"欧洲市场。

对华新能源领域贸易壁垒仍存在不确定性。目前欧盟尚未披露新能源汽车的调查范围、技术性指标等相关规则，国内企业及相关主管部门应尽快设立政策工具箱，分情况应对。由于欧盟与成员国间的矛盾、成员国各自立场的差异，我国可将其作为对欧盟施压的天然杠杆，促使其在开展新能源汽车"双反调查"时有所顾虑。例如，德国与中国在贸易和投资领域有较大的利益关联，该国在对华实施"双反调查"的问题上显得较为谨慎。因此，我国可以德国为突破口，加强对同阵营的欧盟成员国的游说，培养对华舆论的正面环境，最终影响欧盟的决策。此外，结合既有"双反"案例，如光伏"双反调查"的时间线，我国可尽快罗列出中国新能源汽车企业应对欧盟调查的关键时间节点，例如在何月何日之前中国新能源汽车企业在欧盟到港清关时不会受到本案调查的影响，或者受到本案追溯征税的可能性较小。

在利用欧资方面，应进一步优化营商环境，提升欧洲在华企业的商业信心。2023年6月21日中国欧盟商会发布了最新一期《商业信心调查2023》，其调查结果表明欧洲在华企业信心明显下降，部分欧企已开始重新审视其投资和经营策略，以确保其供应链可以应对各种不确定性因素。与此同时，上述调查报告同样强调了未来欧企扩大在华业务的可能性，例如在低碳转型领域，多数欧企正在积极推进在华业务去碳化。因此，政府可重点考虑为欧企拓宽获取可再生能源渠道、出台针对性的产业脱碳指导政策等，并协助欧企全面了解推进碳中和的首要技术，以制定正确的投资决策。例如，在海事制造和产业服务行业，中国尚未出台任何在国内航运业引入国际技术的政策或法规，导致欧盟商会会员企业对未来该行业主要的燃料来源缺乏清晰认识，投资新的燃料来源和技术的意愿较低。未来我国还需采取更多积极行动，在稳固欧企已有投资规模和重点领域的同时，激发欧企在华拓展业务的意愿。

三、技术创新与产业升级对中欧经贸关系的影响

技术创新和产业升级对中欧经贸关系具有深远影响。一方面，中欧在全球供应链和价值链上长期紧密协作，为技术创新和产业升级背景下进一步拓展合作空间打下坚实基础。中欧各自新一代信息技术，数字经济、数字贸易、人工智能等创新领域以及生物医药、新能源、新材料等创新型产业领域发展迅猛，双方在上述领域合作的潜力正在不断增强。另一方面，欧盟具有政策先行优势，在追求低碳绿色发展和实现"双碳"目标方面，欧洲国家在政策法规、产业支持以及消费市场引领方面均走在全球前列；中国在新发展阶段秉持新发展理念，追求高质量发展，绿色低碳也是当前中国发展的重要目标。两国在相关战略性新兴领域具有广阔的合作空间。

（一）欧盟对华科技领域合作模式不断调整

近年来，欧洲自身发展面临多重挑战，希腊主权债务危机、中东难民潮、英国脱欧、北约内部矛盾、新冠疫情肆虐等问题接踵而至。在国际舞台上，欧洲展现出的实际发展状况和其长期倡导的区域一体化、应对气候变化模范、国际秩序维护者等显示出越来越大的差距，欧盟发展动力也受到自身机制约束而日显不足。

尤其在科技领域，美国保持着传统科技强国的先发优势，中国等新兴经济体科技实力快速进步，而欧洲作为现代科学发源地的领先优势逐渐减弱。在信息通信技术引发的第三轮技术革命浪潮中，欧洲没有出现诸如谷歌、亚马逊、阿里巴巴等高科技企业，欧洲上下对此普

遍表示担忧。在数字经济方面，欧洲明显落后于美国和中国的发展。在欧洲发展遭遇挫折的同时，我国则保持了较好的发展势头："一带一路"倡议稳步推进、华为引领 5G 技术发展、中国企业不断进军欧洲。2019 年 3 月欧盟委员会发布的《欧中关系展望》普遍被认为是今后一段时期指导欧盟对华关系的纲领性文件。《欧中关系展望》明确指出"欧洲越来越意识到，中国给欧洲带来挑战和机遇的天平已经失衡。过去十年，中国的经济和政治影响力以前所未有的规模和速度增长，其成为全球领导力量的雄心日益彰显。"

受此影响，欧盟近年来在和我国谈判时要求"平等""互惠"的态度越来越明显。2020 年 2 月，新任欧盟委员会主席冯德莱恩抛出"技术主权"概念，强调欧盟在发展数字技术方面要实现"自主可控"。欧洲议会议员 Agnes Jongerius 称，中国企业收购了德国机器人制造商库卡，此外还有华为的业务，令人担忧欧洲成员国的国家安全、技术及知识泄露和利益的丧失。欧洲不应对外国投资设置屏障，但我们必须面对现实。

（二）拉住、稳住、用好欧洲仍是中国对欧合作的应有之义

自 1975 年中国和欧盟正式建立外交关系以来，中欧关系一直以务实、稳健为特色。双方在深化合作的同时，也在不断对对方进行重新定位，探索新的合作领域。对我国而言，由于欧盟作为"主权国家联合体"本身就一直处于改革和变化之中，发展中欧关系也需要不断探索新的方式。当前，面对欧洲对华心态的变化，以及欧美关系修复带来的不确定性，我国应主动作为，为中欧关系增添新的积极因素以抵消不利因素影响，尽量将走在"十字路口"的中欧关系引向于我国有

利的方向。对欧盟而言，中国是实现发展目标的"合作伙伴"、平衡利益关系的"谈判对手"、争夺技术领先的"竞争者"、治理模式的"系统性对手"。这种更为精细化的判断在表现出欧中关系复杂性的同时，也说明欧盟在对华态度方面可能随时受到一些变化因素的影响。

中欧没有重大利益冲突，相反因同属亚欧大陆而拥有广泛的共同利益。我国提出的"一带一路"倡议、"人类命运共同体"理念得到部分欧洲国家的积极响应。保持良好的中欧关系对我国具有重要的战略意义。面对欧洲对华心态的变化，以及欧盟加紧推进"战略自主"，在后疫情时代强化其在国际事务中的行动能力需求，拉住欧洲应成为我国当前的关键战略选择。

（三）技术创新与产业升级对中欧关系的积极影响

伴随中欧各自科技创新与产业升级的持续化扩展，对中欧经贸关系的影响将体现在如下方面：一是提高贸易的价值和质量，促进中欧贸易的增长和升级。例如，通过新技术的应用，欧洲制造业可以提供更高端的产品，而中国则可以提供更多的生产力和成本优势。二是促进传统产业向高附加值、高技术的方向升级，推动新兴产业发展。这有助于双方产业结构的优化，提高双方企业的竞争力。三是推动合作模式创新。例如，在智能制造、数字化和物联网等领域，中欧企业可以通过共同创新和合作来推动产业发展和贸易增长。四是加强知识产权保护。中欧双方可以加强知识产权的合作和保护，促进技术创新和产业升级，提高双方企业的创新能力和市场竞争力。

总之，技术创新和产业升级对中欧经贸关系的影响是多方面的，可以促进中欧贸易的增长和升级，推动产业结构的优化，促进双方企业的合作和创新，加强知识产权的保护等。

四、环境保护与可持续发展对中欧经贸关系的影响

"绿色复苏"是后疫情、后危机时期世界各国的重要发展目标之一。在此背景下，中欧决定打造"绿色合作伙伴"，将对促进中欧全面战略伙伴关系的健康发展产生积极影响。欧盟绿色复苏聚焦绿色发展和数字转型，数字经济将成为经济绿色发展的重要推动力。

（一）中欧绿色合作的发展历程

中欧绿色合作可以大致划分为起步、发展、扩张及调整四个阶段。

起步阶段是从中欧建交到 20 世纪 90 年代初，合作的重点是环境管理与污染防治联合行动。20 世纪 80 年代，中国与英国、法国、荷兰、丹麦等北欧国家的环保合作得到快速发展，利用北欧国家的赠款和先进经验，开展了环境管理、污染防治等方面的合作。这一时期，中欧的绿色合作开始起步。

发展时期从 1995 年至 2005 年。在这 10 年中，中欧关系完成了从面向 21 世纪的长期稳定的建设性伙伴关系（1998 年）到全面伙伴关系（2001 年），再到全面战略伙伴关系（2003 年）的三次飞跃。同时，伴随经济全球化深入发展，这一时期中欧绿色合作在深度和广度上都有所提高。中欧绿色合作在这一时期围绕欧方帮助中国发展经济，同时树立环保意识、解决污染问题而展开。德国等更多的欧盟国家与中国签署了《环境保护合作协定》，开始机制化的中欧绿色合作。中国与欧盟在 2001 年建立了部长级环境政策对话机制和联合委员会等机制化

的合作方式。此外，中欧《联合国气候变化框架公约》和《京都议定书》框架下就环境保护以及地区安全、应对非传统安全、消除环境贫困等议题进行了广泛的接触与合作。

扩张阶段从 2005 年至 2019 年。在这一时期，欧盟全面加强对华关系。2005 年 6 月《中国和欧盟气候变化联合宣言》的发布，标志着中欧气候变化双边伙伴关系正式建立，双方同意通过加强气候变化（包括清洁能源方面）的合作与对话，促进可持续发展。2010 年 4 月发表的《中欧气候变化对话与合作联合声明》，形成了中欧气候变化部长级对话与合作机制。2015 年 6 月发表的《中欧气候变化联合声明》，致力于携手推动 2015 年巴黎气候大会达成一项富有雄心、具有法律约束力的协议。2018 年 7 月签署的《中欧领导人气候变化和清洁能源联合声明》提出将应对气候变化和清洁能源领域的合作，打造成双边伙伴关系的主要支柱之一，重点在长期温室气体低排放发展战略、碳排放交易、能源效率、清洁能源、低排放交通、低碳城市、应对气候变化相关技术、气候和清洁能源项目投资以及与其他发展中国家开展合作等九大领域的进一步合作。

调整阶段是 2019 年至今。欧盟在 2019 年推出的《中国和欧洲：战略前景》文件中给出了欧中在不同领域中进行合作、竞争和"对手"三重关系的新定位。中欧关系呈现出纷繁复杂的局面，利益重合与竞争、制度磨合与冲突、观念差异与融合犬牙交错。尽管中欧关系的不确定性风险有所上升，中欧双方都没有放弃在绿色领域加强战略合作，在欧盟对华定位转变的大背景下，如何继续在环境保护、应对气候变化，以及在更广泛的绿色合作中深化中欧绿色合作伙伴关系，将其打造为中欧关系新的"压舱石"，是当下亟需思考和解决的问题。

（二）中欧绿色合作重点机遇与重点领域

在世界百年未有之大变局加速演进大背景下，中欧全面战略伙伴关系正在经历深度调整。绿色合作是中欧具有共识的领域，在高层会晤中，习近平主席与欧盟领导人、德国原总理默克尔、法国总统马克龙都强调了中欧的合作意愿。中欧绿色合作在技术创新、三方合作和经贸领域蕴藏着大量机遇。

首先，中国和欧盟一直互为重要的经贸伙伴，同时中欧绿色发展理念高度契合。一方面，双方进一步落实中欧领导人达成的共识，持续丰富、完善绿色合作伙伴关系内涵，不仅有利于世界经济复苏和可持续发展，也将为发展中国家经济转型提供借鉴，为不同发展阶段国家间探索互利合作注入信心。中国光伏产业规模效应明显，可以帮助降低欧洲光伏发电的成本。同时，欧洲企业在绿色氢能等领域具有先发优势。在中国"十四五"时期全面布局清洁低碳能源建设的背景下，中欧合作能够为欧洲能源转型技术提供充分的场景和机遇。

其次，"一带一路"倡议为双方合作搭建新平台。中国提出的共建"一带一路"倡议旨在聚焦互联互通，深化务实合作，携手应对人类面临的各种风险挑战，实现互利共赢、共同发展。共建"一带一路"倡议践行绿色发展理念，倡导绿色、低碳、循环、可持续的生产生活方式，增进沿线各国政府、企业和公众的绿色共识及相互理解与支持，共同实现 2030 年可持续发展目标。目前，欧洲各界对于绿色"一带一路"倡议的信任和参与不断升温，双方不仅在风能和太阳能领域仍有进一步的合作空间，在核能领域也有较大的合作空间，这种合作也有助于加强中欧，尤其是中国在中东欧国家绿色低碳领域的投资。中欧绿色合作具有坚实的产业和民间基础。中小企业是经济和社会发展的主力军，也是推动绿色创新发展的重要载体。中欧中小企业量大面广，发展活力强劲、创新活跃，是绿色技术创新的主体，在推动绿色创新发展中发挥着重要作用。中小企业也是绿色技术的重要应用者，伴随着新一轮科技革命和产业变革的深入发展，创新为绿色发展赋予越来越多的含义，也为中小企业的绿色转型提供新的方法和路径。

最后，欧盟绿色新政为双方合作添加新动力。《欧洲绿色新政》提出了 2030 年温室气体排放相比 1990 年减少至少 50%，并力争达到 55%，到 2050 年实现碳中和的气候新承诺。尽管应对新冠疫情和疫后经济复苏在一定程度上削弱了包括应对气候变化在内的事项的优先级，疫情防控期间的经济停摆和生活方式的改变也降低了欧洲的碳排放，但欧盟整体已经形成疫后"绿色复苏"的政治共识和行动计划，认识到疫情为经济"绿色复苏"提供了机遇，绿色转型成为"转危为机"的新窗口，并进一步明确"绿色新政"不仅有助于解决当前危机，还有助于构建可持续和气候中性的经济体。因此，欧盟提出的到 2050 年实现碳中和目标，既展示了自身的发展战略定位，又反映了引领全球治理的愿望，不会因为突发疫情而改变长期趋势。这也给中国绿色低碳发展带来了新的挑战与机遇，有助于中欧加快构建绿色低碳发展伙伴关系。

（三）中欧绿色合作对中欧经贸关系的作用

中欧双方推进绿色合作的意愿明确，未来进一步深化在应对气候危机、推进绿色转型等方面的合作机遇空间广阔。推进绿色合作将有利于中欧整体经贸关系的发展。

　　总体来看，中欧绿色和可持续等领域合作对经贸关系将产生以下影响：一是促进清洁能源和环保技术的合作。中欧双方在环保技术和清洁能源方面有着广泛的合作。中欧双方可以共同开发、推广环保技术，降低企业生产过程中的污染排放，减少对环境的破坏。二是增强贸易可持续性。环境保护和可持续发展的理念越来越深入人心，中欧双方企业在贸易中更加重视环保、可持续发展等因素。中欧双方可以加强环保和可持续发展的合作，推动贸易的可持续性和环保意识的提高。三是推动资源和能源利用的合理化。中欧双方在资源和能源方面存在巨大的差异。通过合作，中欧双方可以共同研究、开发新的能源和资源利用方式，推动资源和能源的合理化利用。四是促进全球环保治理。环境保护和可持续发展是全球性的问题，需要国际社会的共同努力。中欧双方可以共同推动全球环保治理，推动环保、可持续发展等理念在全球范围内的普及。

　　环境保护和可持续发展对中欧经贸关系的影响不仅关乎双方经济和贸易的持续发展，也关乎全球环保治理和人类可持续发展的大局。中欧双方可以通过合作共同推进环保、可持续发展等议题，为全球环境保护事业作出贡献。

第五部分　中欧经贸关系的机遇与挑战

一、中欧经贸关系面临的机遇

（一）中欧经贸关系迎来新机遇期

中国和欧盟长期互为重要的经贸合作伙伴，双方合作互利共赢。在世界经济形势低迷的背景下，坚持开放合作，增强经贸联系，不仅有利于中欧双方，也有利于世界经济复苏。后疫情时期，中欧合作有望进入理性、务实发展的新机遇期。正如 2022 年 12 月 1 日中国国家主席习近平在会见欧洲理事会主席米歇尔时所指出："中欧是维护世界和平的两大力量、促进共同发展的两大市场、推动人类进步的两大文明。中欧关系保持向前向上势头，坚持互利共赢，符合中欧和国际社会的共同利益。国际形势越动荡，全球挑战越突出，中欧关系的世界意义就越凸显。"

中欧作为两大市场，可为世界提供发展的动能与空间。当前，中国已成为世界第二大经济体，经济潜力巨大，制造业体系和供应链体系完备，在全球经济中占据核心重要位置，中欧贸易无论在合作广度、深度还是规模上都取得长足进展。经贸合作一直是中欧关系的压舱石，也是双方广泛联系的重要纽带。随着中国快速崛起，其发展红利源源不断地外溢，给欧洲带来了机遇。2022年中国——欧盟贸易额达8473亿美元，同比增长2.4%，再创历史新高。同时，中国同德国、法国、英国的贸易额均创历史新高。中国已连续7年成为德国全球最大贸易伙伴。当前经济全球化遭遇阻力，世界经济低迷，中欧经贸能够在这一特殊时期逆势上扬，说明中欧合作的脚步并没有因此停歇，因为双方都充分认识到只有合作才能共赢。未来，中国的工业化、信息化、城镇化和农业农村现代化建设仍然需要欧方的技术与经验，欧洲实现复苏也需要中国的投资与市场。同时，与世界同分享、共发展，是实现中国梦独具特色的重要内涵。中欧作为两大市场的合作不仅惠及彼此，而且要造福世界。中国提出的"一带一路"倡议可与欧盟提出的欧亚互联互通实现战略对接，为中欧携手带动周边经济体、带动世界经济增长提供良好契机。

中欧作为两大文明，可以为世界提供友好合作的样板。求同存异、和而不同是欧洲经济社会文化长久发展演进的精神核心。欧洲是区域一体化深入发展最成功的地区之一。欧洲国家有着各自不同的民族、语言、文化，也有着自己的政治、经济和社会传统。欧洲国家在追求一体化的道路上将一部分主权让渡给超国家机构，在不同层面实现整合，但又很大程度地保留了各自的特性。当今，欧盟已经成为世界上最大的、一体化程度最高的主权国家联合体，也是全球区域化的成功范例。同时，中欧是东西方文化的重要发祥地，共同推动了人类文明的进步。欧洲历史上曾深受战乱之苦，二战之后开始走向一体化的道路，首先就是为了摆脱现实主义的安全困境，实现持久和平。同样，中国作为一个拥有 5000 年文明传承的国家，中华民族也是兼容并蓄、海纳百川的民族，历来提倡"大同"的哲学思想，倡导和而不同。悠久文明是中欧相互尊重、共谋发展的基础，中国提倡的和而不同与欧盟的多元一体高度契合。因此，地处亚欧大陆两端的中欧，不仅可以成为全世界同发展的动力，也可以成为和而不同相处之道的典范，相互尊重彼此依据自身不同的发展理念、发展阶段和发展路径，走包容互鉴、合作共赢之路。

中欧作为两大力量，可以为世界提供更多稳定因素。世界面临百年未有之大变局，国际形势风云变幻，大国博弈日趋加剧，中欧同为全球格局中的重要力量，一贯秉持多边主义，主张和平解决国际争端，对全球治理中的重大议题承担着使命与责任。对中国而言，欧洲虽属西方阵营，但与美国利益并不完全一致，同样不赞同美国的单边主义，在诸多国际问题上与中方秉持相近看法，也愿意与中方进行协调合作。对欧洲而言，中国虽然被视为竞争对手，但欧洲也同样认为，中国首先是合作伙伴，不重视中国就无法预测任何未来，有效管控竞争与合作关系并深入研究建设性空间将是面对动荡世界的减震器。中国仅同欧盟机构就有 70 多个磋商和对话机制，涉及内容十分广泛，在维护多边主义、加强全球治理、应对气候变化、共同抗击疫情等方面都存在广泛共识。这说明中欧作为两大全球力量，保持战略沟通、增进战略互信、拓展合作共识将有利于中欧关系的持续健康发展，并为国际治理注入稳定性和正能量。

中欧经济优势互补、利益嵌合。近年来，双方共同经受住了逆全球化暗流、新冠肺炎疫情冲击、地缘政治动荡等风高浪急的考验。如今，双方有基础、有条件进一步提升合作水平。一方面，中国经济进入高质量发展阶段,不断提升对外开放水平,让中欧合作拥有更大空间、更多可能。另一方面,全球经济发展至今,对创新、绿色的要求更加突出,中欧双方在拓展传统领域合作潜力的同时,可以进一步挖掘在新能源、人工智能、数字化等新领域的合作潜力,让双方合作水平再上一个台阶。

(二)共建"一带一路"为中欧经贸关系发展带来新机遇

"一带一路"是中欧经贸等多领域合作多元深化发展的重要平台,为双方均带来了巨大的机遇和潜力。"一带一路"有助于促进区域互联互通,基础设施与通道建设为中欧之间的物流、信息流和人流提供了更便捷的通道,有利于加强中欧贸易合作。"一带一路"有助于扩大贸易规模,共建"一带一路"为中欧双方带来了更多的投资和贸易机会。"一带一路"有助于促进产能合作,中欧企业之间的产能合作不断增加,中欧企业可以共同开发第三方市场,实现互利共赢。"一带一路"有助于推动金融合作,与相关国家地区推动金融合作,为中欧企业的投资和贸易提供更多的融资支持。"一带一路"加强人文交流,通过增加交流互通,有利于增进相互了解,推动双方文化、教育、旅游等领域的合作。

中国的"一带一路"倡议也为欧洲国家参与亚洲及世界其他地区的基础设施建设和经济发展提供了机遇,为欧洲企业创造了新的商机,有助于实现欧洲加强互联互通的目标,并促进欧洲经济发展。中欧两大经济体的结合不仅可以实现资源的互补,还可以促进技术的交流和创新。中欧双方在基础设施建设、能源合作、金融服务、科技创新等领域都有着广泛的合作需求和潜力。共建"一带一路"为中欧双方提供了更多的合作机会，推动了双方经济的融合和发展。

截至 2022 年，中国已同法国、意大利、荷兰、比利时、西班牙、奥地利等欧盟成员签署第三方市场合作协议，构建了工作组、合作论坛、合作基金、指导委员会等多元化合作平台。中欧双方产业链互补、经济契合度高，中欧开展第三方市场合作将有助于充分发挥双方产业的比较优势，促进海外市场的深度融合。

总之，中欧经济合作的共建"一带一路"助推中欧互利共赢，为双方带来了巨大的机遇和潜力。

（三）战略性新兴产业合作为中欧经贸关系带来新机遇

自《国务院关于加快培育和发展战略性新兴产业的决定》颁布实施，特别是党的十八大以来，我国战略性新兴产业发展取得积极成效，产业发展规模占比进一步提升，重点领域新兴动能持续快速增长。"十四五"乃至更长一段时期内，我国经济将进入新发展阶段，发展条件深刻变化，战略性新兴产业对构建现代化经济体系、促进经济高质量发展的动力引擎作用更为突出。与此同时，近年来，欧盟及其成员国亦加快布局战略性新兴产业，纷纷制定战略，加快前沿技术研究，特别是对共性技术高度重视，重点突破。积极促进跨学科、跨行业的交叉融合，抢占战略性新兴产业发展先机。其中人工智能成为全球战略竞争的新焦点，并在战略、投资和研究等方面持续加大。

中欧绿色和数字领域的合作方兴未艾。在绿色领域，一方面，双方在新能源领域合作具有一定经验和基础，中欧企业已开展海上风电、燃料电池等技术的投资合作，未来在可再生能源特别是绿氢等领域还有巨大合作潜力；另一方面，《可持续金融共同分类目录》的发布将持续推动中欧对双方绿色投融资标准的理解与合作，未来可依托可持续金融国际平台继续扩展投资合作范围。在数字领域，双方在自动驾驶、新能源汽车和人工智能等创新科技产业领域已形成良好的数字合作范例，信息通信技术、电子商务等领域可扩展为新的增长点。除此之外，中欧双方也可在食品研发、医疗医药、生命科学等领域积极开展投资合作，助力本国经济向好发展。在绿色合作方面，从电动大巴到新能源轿车，再到动力电池，中国新能源交通产业积极助力欧洲城市绿色出行。中欧绿色合作前景广阔，中欧企业间的深入合作将共同推动新能源交通产业快速发展。

在数字化领域，数字经济和创新驱动是当前世界经济发展的重要趋势，对中欧经贸合作带来了许多机遇，数字经济的快速发展为中欧之间的数字化贸易提供了更多机会，有利于中欧贸易规模的进一步扩大。智能制造是数字经济的重要组成部分，中欧双方可以在数字技术、物联网、云计算等领域开展深度合作，推动智能制造的发展，提升制造业的智能化水平。数字经济的发展需要不断推动数字技术的创新，中欧双方可以在人工智能、大数据、区块链等领域开展深度合作，推动数字技术的创新，促进数字经济的发展。数字经济的发展也推动了金融业的数字化转型，中欧双方可以在数字化支付、虚拟货币等领域开展合作，推动数字化金融的创新，为中欧贸易提供更加便捷、安全的支付方式。数字经济和创新驱动需要大量的高素质人才，中欧双方可以加强人才交流，共同推动数字经济和创新驱动的发展，实现双方的互利共赢。

在绿色发展和能源合作领域，中欧绿色伙伴关系的全面发展将为中欧关系带来重要机遇。绿色发展和能源转型是全球经济发展的趋势，中欧双方可以加强清洁能源领域的合作，包括风能、太阳能、地热能等，推动清洁能源的开发和利用，实现可持续发展。中欧可以加强能源互联互通合作，共同推动能源互联互通建设，促进能源资源的合理利用，降低能源成本。低碳经济是全球经济发展的重要方向，中欧双方可以加强合作，在绿色基础设施、绿色交通等领域推动低碳经济发展，降低碳排放，保护环境。绿色发展和能源转型需要环保技术的支持，中欧双方可以加强环保技术创新合作，推动环保技术的发展和应用，降低环境污染，实现可持续发展。绿色发展和能源合作需要大量的高素质人才，中欧双方可以加强人才交流，共同推动绿色发展和能源合作的发展，实现双方的互利共赢。

中欧在应对气候变化和环境保护领域有着广泛的共同利益，在整体的减排和维护绿色生态等全球目标上有共同立场。2022 年 6 月 3 日，可持续金融国际平台发布了由中国央行和欧盟委员会相关部门共同编制的《可持续金融共同分类目录》更新版，更新版目录共包含了 72 项对减缓气候变化有重大贡献的经济活动，提高了可持续金融分类标准和绿色活动的全球可比性和兼容性。中欧双方加强科技领域的合作，既具备良好的合作基础，又符合双方实际效益。2022 年，中国和欧盟相关部门签署了新一轮中欧联合科研资助协议、中欧科技合作"龙计划"五期合作协议、100G 科研网络合作协议等文件，未来双方将在农业、食品和生物技术及气候变化与生物多样性等领域加快推动研发项目落地、合作机制搭建、科技人才培养等。

2021 年，中国贸促会与普华永道（中国）共同开展对协定的专题调研，512 家中国与在华欧盟企业共同探讨中国企业对欧投资现状及信心，以及中欧企业对协定的实施预期。调研结果显示，企业界认为，中欧投资协定签署生效对中欧双边投资而言机遇大于挑战。58% 的在华欧盟企业和 46% 的受访中国企业认为协定签署生效将为双边投资带来积极影响，企业将从中受益。从长远看，中欧制造业和服务业预计均可受益于中欧投资协定。欧盟中国商会 2021 年旗舰报告调研显示，在欧盟的中国企业期待中欧投资协定带来公平、优化的双边经贸合作环境：77% 的受访企业表示将从中欧投资协定中受益；63% 的受访企业表示中欧投资协定将为中欧经贸关系带来积极影响；绝大多数企业认为中欧投资协定将有利于双边竞争体制接轨，且对在中国的欧盟企业更为有利。

二、中欧经贸关系面临的挑战

（一）意识形态分歧下的"脱钩"与"去风险"

近年来，欧盟在处理对外关系时愈加强调战略自主，维护欧洲自称的"基于规范的自由主义"国际秩序观、维护欧洲规范的权威及巩固欧美价值观同盟是其重大利益关切。

地缘政治等因素对经贸合作影响增加。2020 年 12 月中欧完成投资协定谈判，2021 年 5 月，欧洲议会通过决议，以新疆人权问题为借口"冻结"批准协定的讨论；2022 年 5 月，立陶宛单方面宣布退出"17+1 合作"机制。2021 年美国总统拜登上台后，与欧盟加强了对华政策协调，中欧关系中的美国因素比特朗普时期更加凸显。第一，在意识形态领域，美国在 3 月联手欧盟对中国实施了以人权为名的制裁，在 12 月又召开包括欧盟及其 26 个成员国在内的"民主峰会"，试图拉拢欧盟构建针对中国的"价值观联盟"。第二，在经贸领域，美国一方面与欧盟协调双边贸易纠纷，就波音－空客争端以及钢、铝关税等达成谅解，另一方面又对欧盟推动"中欧全面投资协定"提出警告，并协调欧盟相继提出针对中国意味浓厚的所谓"反经济胁迫"相关法案。第三，在科技创新领域，2021年美欧峰会通过了"美欧贸易与技术理事会"（TTC）的倡议，并于2021年9月在匹兹堡召开了首次理事会。双方还试图协调在稀土等工业材料与中间商品的自主供应。第四，在地缘政治领域，欧盟于9月推出了"印太合作战略"，其中既有欧盟自身战略利益考虑，也有响应美国"印太战略"的原因。在中美战略竞争背景下，盟友体系尤其是跨大西洋政治与安全联盟成为美国对华战略竞争的重要工具。美国势必极力将欧盟纳入对华竞争轨道，今后中欧关系中的美国因素不容忽视。

（二）逆全球化趋势下的贸易投资保护主义

中美贸易摩擦已持续多年，中欧贸易关系总体向好，但仍受到逆全球化趋势冲击，欧盟对华贸易反倾销、反补贴、出口限制、外资审查等政策壁垒亦有增无减。从涉案产品和涉案金额看，欧盟对中方贸易救济调查的负面影响正不断增大。一是贸易摩擦和保护主义导致贸易和投资增长放缓甚至萎缩，并导致对方商品在本国市场中的价格上涨，从而损害双方经济增长动能与消费者利益。二是贸易摩擦和保护主义导致市场秩序的破坏，加大企业的经营风险，损害企业的创新和发展。会给企业带来不确定性，不确定的政策和市场环境可能影响企业的投资决策和业务扩张计划。会影响企业的产业布局，导致一些企业在中欧地区的投资和扩张计划受阻，影响产业链的整合和发展。此外，贸易摩擦和保护主义可能导致地区政治风险的加剧，影响中欧双方在政治、安全等方面的合作和交流。

欧盟市场准入壁垒增多增高，企业面临市场准入和本土化经营的双重挑战。近年来，欧盟不断出台新的审查工具，覆盖外资审查、外国补贴审查、公共采购审查、反规避调查、网络安全审查等多个领域，涉及欧盟的货物贸易、服务贸易、投资、公共采购、网络空间等多种经济活动，不仅包括事前审查、事后调查和制裁机制，甚至突破"不溯及既往"的法律原则，用新法倒查已经完成的投资或并购，导致外资企业在欧盟市场上的投资机会减少，本土化经营的不确定性上升。调查显示，45.64%的受访企业认为欧盟市场准入壁垒提高，40%的受访企业因为欧盟的外资审查而改变了投资计划。

欧盟在多个领域出台的保护主义政策工具对外资企业提出了过度的合规要求，提高了外资企业进入欧盟市场的事前、事中、事后全过程的合规成本。调查显示，《企业可持续尽职调查指令》公布后，47.14%的受访企业认为其合规成本增加；59.82%的受访企业认为《外国补贴扭曲内部市场条例》提高了其合规成本；65.22%的受访企业认为欧盟《一般数据保护条例》的实施提高了涉欧业务合规成本。欧盟提出的基于供应链的合规要求远超出企业所能掌控的范围和应该承担的社会责任，增加了中欧企业之间合作的不确定性。调查显示，34.21%的受访企业表示与欧盟企业合作存在较大的不确定性。

欧盟存在对中资企业歧视性执法，中资企业对欧盟未来营商环境的预期不乐观。2022年以来，欧盟制定保护主义政策工具箱，提高外资企业在欧盟投资、并购、参与公共采购的难度，甚至干扰外资企业与欧盟企业的供应链合作。欧盟营商环境的退坡导致外资企业正常的生产经营活动受限。调查显示，33.04%的受访企业认为欧盟营商环境恶化，该比例较2022年增加5.86个百分点。根据2022年9月欧盟委员会发布的《外商直接投资审查报告》测算，中国企业投资项目审查的未通过率为14.95%，远高于欧盟及其他西方国家，也高于10.37%的平均未通过率。

此外，中欧双方的政策制定者越来越关注外国投资对本国国家安全的影响，这可能导致一些投资项目的审查和限制，影响企业的投资计划和市场准入。中欧双方的监管标准和制度存在一定的差异，这可能导致一些企业在跨国经营过程中遇到法律和监管方面的问题，影响企业的经营和发展。由于不同的政策环境和法律制度，企业在跨国经营过程中可能会面临政策不确定性，例如贸易政策、税收政策等，这可能会对企业的投资决策和经营计划产生影响。知识产权保护是中欧经贸合作中的一个重要问题，由于中欧双方的知识产权法律制度存在一定的差异，企业可能会面临知识产权侵权等问题，这会影响企业的创新和发展。

总之，投资安全和监管问题对中欧经贸合作带来了一些挑战，中欧双方应该加强沟通和协调，制定共同的监管标准和制度，建立更加稳定和可预测的投资环境，加强知识产权保护，促进中欧经贸合作的健康和稳定发展。

（三）后危机时期欧盟经济与国际环境的不确定性

IMF预测显示，后疫情时期，全球经济增长预期明显增强，但各地区前景差异较大。亚洲地区的经济活动预计最为活跃，中国重新开放会推动经济加快复苏，并提升整个亚洲的活力。但同时，大量经济学家预计中期内欧洲经济增长仍将疲软。欧盟将在较长时期内面临"双高"压力。其一是高通胀。自乌克兰危机以来，不断飙升的能源价格导致欧洲通胀高企，能源密集型企业要么倒闭，要么成本大增，普通民众的生活成本也水涨船高。尽管欧洲的整体通胀率出现下降，能源价格也在下跌，但通胀率仍然高于欧洲央行设定的 2% 目标。其二是高利率。为了抑制通胀，欧洲央行自 2022 年 7 月开始大幅加息，截至 2023 年 8 月主要再融资利率、边际借贷利率和存款机制利率分别达到了 4.25%、4.50% 和 3.75% 历史高位。高利率增加企业的融资成本，抑制企业的投资和生产。未来中欧经济复苏进程差异拉大，将对双方经贸合作的恢复产生阻碍，可能成为经贸摩擦的背景原因。

全球经济的不确定性加大对中欧经贸合作带来了许多挑战，主要表现在以下几个方面：一是贸易保护主义的增加。一些国家或地区可能会采取贸易保护主义措施，加强对本国市场的保护，对外贸易和投资带来困难和不确定性。二是能源和原材料价格的波动。能源和原材料价格的波动可能会增加，这会对能源和原材料进口国带来经济压力，增加企业的经营成本和风险。三是投资环境不稳定。一些国家或地区的政治、经济和社会环境可能会出现不稳定因素，增加企业的投资风险和不确定性。

三、未来中欧经贸合作机遇大于挑战

在经历新冠疫情冲击、地缘冲突等一系列不利因素影响下，中国与欧盟经贸关系显现出强大的韧性，正呈现越来越紧密的相互依存关系，全球经贸格局演化和产业变革加剧，对中欧既蕴藏新机遇，又带来前所未有的挑战；如何在不确定性中寻找确定性，危中寻机，化危为机，将成为未来很长一段时间内中欧贸易发展的关键议题。

一是在稳固德国等传统贸易伙伴关系的基础上积极拓展以比荷卢为代表的新贸易市场。健全中欧合作机制，坚持在绿色经济和能源系统变革的重点领域和产业链关键环节上开放合作、共同发展，充分发挥双边市场优势和技术创新互补能力，同时增强绿色市场准入的透明性，突出中国和欧盟在全球绿色经济中的主导地位。

二是充分挖掘数字经济、低碳产业和金融服务等中欧贸易的新增长点，充分发挥绿地投资对国际贸易的促进作用，提升企业核心竞争力。继续深化在气候、科技、生物医药、航空航天和金融等高新技术领域的合作，共同维护开放的多边经贸环境。充分发挥贸易互补优势，加强中欧经贸领域重大战略目标对接，加强信任，充分挖掘双边合作潜力，继续保持中欧货物贸易可持续发展。

三是充分利用我国产业门类齐全、消费市场庞大的优势，依托现有外贸合作平台，引进外资企业，推动地区产业和外贸发展。同时，建立完善与在华外商协会、外资企业常态化交流机制，进一步拓宽企业跨境融资渠道，积极解决外资企业在华营商便利等问题，实现外商投资稳步增长。

四是大力推动中欧在绿色生态领域的合作，以绿色可持续方式帮助经济走出困境。打造中欧绿色合作伙伴关系彰显了在全球经济下行背景下中欧双方坚持可持续发展目标不动摇的决心，应以中欧环境与气候高层对话为引领，深化相关领域合作，推动经济和贸易复苏。

第六部分　新形势下的欧盟多领域政策概况

一、欧盟应急机制与政策

（一）欧盟综合危机响应机制（IPCR）

IPCR（EU's integrated political crisis response mechanism）是欧盟用于协调应对域内重大及复杂危机事件，包括恐袭、灾难、公共安全及卫生事件的政治应对工具。IPCR 与欧盟民事保护机制（EU civil protection mechanism）共同形成了欧盟危机应对工具箱（The toolkit for EU crisis response）。

1. 背景与起源

2001 年美国 "9·11" 恐袭事件发生后，欧盟意识到自身在应对大规模突发公共安全事件及政治危机方面也存在缺陷，尤其是法律体系中缺乏统一完善的危机响应机制。在此之后，又接连发生了 2004 年马德里爆炸案、印度洋海啸、2005 年伦敦爆炸案等一系列与欧盟相关的重大安全事件，使欧方在这一问题上的紧迫感进一步上升，成员国就推进立法逐步达成共识。

2006 年 6 月 1 日，欧盟建立了"紧急情况与危机协调安排"（CCA：emergency and crisis coordination arrangements），旨在建立一个在发生重大危机时欧盟及其成员国交流信息和协调行动的平台。在 CCA 因突发事件激活后，将由欧委会主席、相关成员国常驻代表、欧委会副秘书长、欧盟理事会秘书长组成危机应对领导小组，并配有相关工作人员，主要职责是评估灾情、审查相关响应举措、推动多层面商讨，相关各方提出应对方案、对外信息发布等。至 2013 年，欧盟共启动了 3 次 CCA，分别是 2008 年印度孟买恐袭事件、2010 年海地地震、2010 年冰岛火山爆发。因实际操作中发现 CCA 机制设计过于烦琐，自 2010 年起，欧盟专门组建了主席团队（FoD）负责 CCA 的修订工作。

2012 年，成员国常驻代表委员会（COREPER）通过了修订后的概念框架。2013 年 6 月 25 日，欧盟正式通过了综合危机响应机制（IPCR），用以取代 CCA。IPCR 在制度层面进一步提升了欧盟应对危机事件的统一响应能力，不仅可在成员国遭受恐袭、自然灾害、公共卫生事件时进行盟内协调与响应，还可以对欧盟外部的国家请求、对外派遣救援人员等事务做出安排。

2018 年 12 月 11 日，欧盟理事会通过决议，将欧盟综合危机响应机制（IPCR）由此前的行政安排（arrangement）上升为法律行为（legal act）。

2. 运转方式

IPCR 负责机构与启动方式。IPCR 在欧洲理事会的职能范畴内运行，具体行动受到成员国常驻代表委员会（COREPER）的监督。由理事会总秘书处（GSC）、欧委会、欧盟对外行动署（EEAS）三方共同保障 IPCR 的正常运转。

在紧急情况发生时，如果至少一个以上欧盟成员国认为当前形势可能造成广泛危害，可通知欧盟轮值主席，在听取欧盟理事会总秘书处、欧委会、对外行动署及其他相关机构、专家建议后，可由欧盟轮值主席国领导人基于政治及战略考量宣布启动 IPCR。

IPCR 运行流程。IPCR 的运行流程可分为启动前、启动中和启动后终止三个阶段。

启动前。在紧急情况发生后，由欧委会、欧盟对外行动署负责接受成员国的申请与形势监测；之后由欧委会、欧盟对外行动署（EEAS）和欧盟理事会总秘书处（GSC）三方进行综合危机分析并提出解决方案。在进行正式决策前，通常先由欧委会主席以非正式主席圆桌会议方式进行风险评估，形成应急决策预案并提交成员国常驻代表委员会（COREPER）；在以上流程完成后，将由欧委会主席决定是否启动 IPCR。

启动中。在 IPCR 启动后，包含信息共享（information sharing mode）和全面启动模式（full activation mode）两种模式，在全面启动模式下，欧盟应急响应协调中心（ERCC）将 24 小时不间断地开展工作，负责联络与协调成员国代表及其他相关各方进行协商及应急处置。欧盟高层主要通过综合灾情查看与分析报告（ISAA）了解紧急情况及最近进展，成员国可随时通过非正式圆桌会议或欧盟理事会的网络平台进行信息沟通。此外，为保障 IPCR 在紧急情况下的有效运转，基于欧盟基础运行条约的团结条款 ① 设定了机制运行的五项原则：一是辅助性原则（subsidiarity），尊重成员国的应急管理专属权能；二是整合资源原则（solidarity），通过非正式圆桌会议形成行动建议，以成员国常驻代表委员会（COREPER）为主要协调监督机构开展行动，以显示欧盟在紧急突发事件中的政治决心与行动力度；三是协同性原则（synergies），由欧盟轮值主席负责把握应急响应的战略方向；四是充分利用原则，充分利用已有程序及资源，不寻求取代成员国及其他政策的作用；五是灵活性原则（flexiblity），即该机制不设立明确的启动前提、不涉及特定的群体，保持措施的均衡与灵活性。

启动后。在突发性事件与危机形势缓解后，通过成员国常驻代表委员会（COREPER）及非正式欧委会非正式圆桌会议评估，由轮指主席国领导人宣布 IPCR 机制退出，或由全面运行转为日常运行状态。

3. IPCR 的疫中响应

2020 年 1 月 28 日，即 WHO 发表《关于新型冠状病毒（2019-nCoV）疫情的〈国际卫生条例（2005）〉突发事件委员会会议的声明》5 天后，时任欧盟理事会轮值主席国主席的克罗地亚总统宣布了启动欧盟综合政治危机应对机制（IPCR），决定开启 IPCR 的信息共享模式，由欧委会和欧盟对外行动署负责编写综合形势报告，并在 IPCR 网络平台上创建专门页面，共享 COVID-19 疫情信息。

2020 年 3 月 2 日，考虑到疫情形势发展和受到影响部门的增加（卫生、领事、公民保护、经济），理事会决定将 IPCR 机制升级为全面模式。理事会主席定期召开圆桌会议，由欧委会、欧盟对外行动署

---

① 欧盟基础运行条约（TFEU）第 222 条：如果成员国是恐怖袭击的目标或自然灾害或人为灾害的受害者，欧盟及其成员国应本着团结一致的精神共同行动。

（EEAS）、理事会总统办公室、受影响成员国、欧盟相关机构和专家共同商讨制定具体的协调应对措施。此后的轮值主席国德国（2020 下半年）和葡萄牙（2021 上半年）均决定继续保持 IPCR 在全面启动模式下运转。

（二）欧盟民事保护机制（CPM）

CPM（EU's Civil Protection Mechanism）的创立目标是加强欧盟成员国在民事保护领域的合作，提高对灾害的预防、准备和响应的能力。CPM 作为民事保护机制的支柱之一，该机制通过各国出资建立一个灾害救援的资金池，支持采购相关设备物资、雇用常设机构人员和培训专业人士等业务需要，运行颇有欧盟特色。CPM 与 CIPR 的区别在于，前者更加关注民事事务，而后者更加关注于政治及战略领域。促进国家民防部门之间的合作，提高公众对灾害的认识和准备，使迅速、有效、协调地援助受灾人口成为可能。

1. 背景与起源

欧盟成立后，在民事领域加强合作渐成为成员国间的共识，在 CPM 尚未建立以前，欧盟内部已在部分突发灾害事件中开展了救助协调，例如 1997 年意大利中部地震、1999 年 Erika 号油船沉没泄漏事件、2000 年多瑙河事件等。而进入 21 世纪以来，欧盟乃至全球范围内发生的自然与人为灾害事件出现急剧增加，特别是"9·11"恐袭发生后，欧方民事保护机制建设大幅提速。

2001 年 10 月 23 日，欧盟理事会通过第 792 号决定（2001/792/EC），决定建立欧盟灾害援助和民事保护机制，以应对恐袭威胁和处理大规模跨境突发事件，标志着欧盟民事保护机制的正式成立。此后，欧盟理事会又分别通过了"关于加强民事保护培训领域的合作"（2002）、"关于对欧盟范围内的最外层地区、孤立地区、岛屿地区、交通不便地区和人口稀少地区提供特殊民事保护援助的规定"（2002）、"关于在民事保护研究领域加强共同体合作"（2004）等一系列决议，欧盟民事保护机制得以迅速发展，并相继在欧盟域内外的一系列突发事件中发挥重要作用。

2006年1月，欧委会提出建议进一步加强民事保护机制建设。2007年11月8日，欧盟理事会通过了"关于建立欧盟民事保护机制（重修）"的决议（2007/779/EC），决定重建民事保护机制。按照决议规定，CPM的参与国必须承诺本国的赈灾物资、通信设备、运输设施、搜救人员等应急资源与他国共享；当灾害发生时，相关应急资源须由欧盟统一调配，以提升援助效率和能力。根据该决议，欧盟民事保护机制有欧委会环境总司下属的民事保护部门管理负责，该机制还负责成员国的民事保护机制协调工作。

2010年10月，欧盟人道主义援助和民事保护部门被合并至人道主义和民事保护总司。除对欧盟成员国及参与国外，CPM也对所有入盟谈判国开放。行动对象则包括欧盟境内及第三国发生的恐怖袭击、技术事故、环境破坏、海上污染、核泄漏等因自然、技术或人为因素引发的突发事件。在启动运作时，CPM还会与联合国人道主义事务协调办公室（OCHA）保持沟通合作。

2019年3月7日，欧盟理事会对民事保护机制完成新一轮修订。主要调整包括：建立一个预备的可用资源池，在现有总体能力不足的情况下加强风险应对能力。要求成员国进一步提升风险评估及风险管理水平，加强培训与信息共享。

2021 年 2 月 8 日，欧盟理事会与欧洲议会就加强欧盟民事保护机制达成一项临时协议。根据协议计划，2021—2027 年期间 CPM 的预算总额为 12.63 亿欧元，同时将启动 20.56 亿欧元的资金用于实施公民保护措施，以应对 COVID-19 危机的影响。

2.运转方式

当灾害突发时，当某个成员国的紧急情况达到一个国家无法应对的程度时，该国就可以通过该机制请求欧盟援助。除欧盟成员国外，CPM 还包括 6 个参与国（冰岛、挪威、塞尔维亚、北马其顿、黑山和土耳其）。根据机制要求，欧盟成员国及参加国必须制定官员负责本国的民事保护和协调工作，欧委会则任命一名协调官全权负责统筹民事保护相关措施。自 2001 年成立以来，欧盟民事保护机制通过协调全欧资源，已经响应了 330 多次欧盟内部和外部的援助请求。

CPM 的运行分预防、准备、响应三个阶段。

预防阶段。CPM 高度强调对突发事件的预防工作，并建立了参与国间进行防灾、减灾、备灾等方面的程序化工作程序。在预防阶段的主要工作包括以下几个方面：一是共同防范措施。包括提高灾害信息的可获得性、加强早期灾害预警工具的研发应用、提高公众的安全意识，建立民事保护财政工具。二是整合参与国的应急资源。建立互操作化的应急资源目录和运输统一管理机制，以整合各方物资、设备、装备、专家等可用资源，并将其模块化。三是开展应急培训。该项目自 2004 年开始启动，培训包含理论学习、案例分析、分组研讨、模拟演练等，联合国灾害评估与协调队（UNDAC）亦首要参与该项培训。

准备阶段。CPM 针对多种具体灾害事故定期开展跨国应急演练，具体包括洪灾、地震、暴风雪、疫病、火车事故、化学、辐射及核泄漏等。此外，CPM 通过人员互访交流建立各国民事保护专业人员间的合作交流网络，以增进参与国等相关各方对应急体系、技术和工作流程的了解。

响应阶段。当灾害事件超出所在国能力范围并可能造成跨境影响时，应受灾国或国际组织请求，CPM 将被启动，通过协调、提供、派遣全域范围内的救灾资源开展援助。当援助对象为机制成员以外的第三国时，由欧盟理事会负责日常协调，并由联合国负责总协调。在开展跨国救助时，由设在布鲁塞尔的欧盟人道主义援助和民事保护总司监测与信息中心（MIC）负责协调。该中心为 24 小时不间断工作，每年处理的突发事件数量超过 20 起。自 2013 年 5 月起，MIC 升级为欧盟应急响应中心（ERCC），与 ICPR 共享协调机制。

CPM 的应急响应包含四个具体步骤：一是受灾国因灾情向 CPM 提出援助请求；二是应急响应中心接到请求后进行研判，并通过突发事件通信与信息系统（CECIS）通知所有参与国；三是参与国评估能够提供的资源状况，并通过信息系统反馈至应急响应中心；四是在得到受灾国同意后，协调将赈灾物资运输至受灾国。

3. CPM 的疫中响应

自 2001 年以来，欧盟民事保护机制已启动 420 多次。近年的主要事件包括：瑞典森林火灾（2018 年）、莫桑比克遭受热带气旋"埃洛伊丝"袭击事件（2019）、阿尔巴尼亚地震（2019）、希腊及玻利维亚森林火灾（2019 年）、新冠肺炎疫情（COVID-19 health emergency，2020 年）。

在应对疫情方面，欧洲医疗队（EMC, European Medical Corps）是 ERCC 直属的医疗和公共卫生专家库，可以对欧盟内部和外部的突发卫生事件做出迅速响应。EMC 的成立是为了应对 2014 年西非在埃博拉危机期间缺乏训练有素的医疗队这种特殊防疫情况。由于恶性传染疾病借助现代交通工具可能快速跨境传播，在突发卫生事件期间，需要在尽可能短的时间内部署医疗专家团队和设备。该机制的 11 个缔约国（比利时、爱沙尼亚、捷克、意大利、法国、德国、挪威、葡萄牙、斯洛伐克、西班牙和瑞典）已向 EMC 派遣了常设紧急医疗队。

欧盟建立了认证和注册程序，以确保它们符合高标准，团队受过专门训练可以根据国际准则与其他国家的同事协同作战。EMC 的运营成本由欧盟承担了 75%，剩余部分由各个医疗队所属国家自行承担。2014 年埃博拉危机期间，EMC 开发并部署了移动生物安全实验室，迅速部署到缺乏实验条件的灾区进行生物检测。

欧盟应急响应中心（ERCC）和民事保护机制只具备应对单一小规模突发事件的能力，对于这种全球性的大传播疫情作用极为有限。实际上，整个欧盟从军事防御到民防机制都只能应对单一突发事件。比如，已经历多次组建的欧盟军团至今还是个框架单位，连进行小规模局部战争的能力都没有，更别说承担欧盟全体成员国的共同防卫义务了。而欧盟至今仍未建立统一的情报中心协调机构，连成员国内部的情报互通机制都不如美国倡导下建立的多国情报联盟。

2020 年 2 月，当 COVID-19 病毒开始在意大利传播时，意大利政府就通过欧盟应急响应中心（ERCC）寻求帮助，其中包括医疗设备援助和要求激活欧盟民事保护机制（CPM）。由于疫情迅速传播，意大利政府宣布一系列管制措施，包括封锁城市甚至全国。然而这些强制措施暂时并未奏效。意大利作为欧盟的创始成员国之一，在疫情面前并未获得来自盟友的有效支援。这也是欧盟自创立以来，继英国脱欧之后又一次面临的严重政治危机。

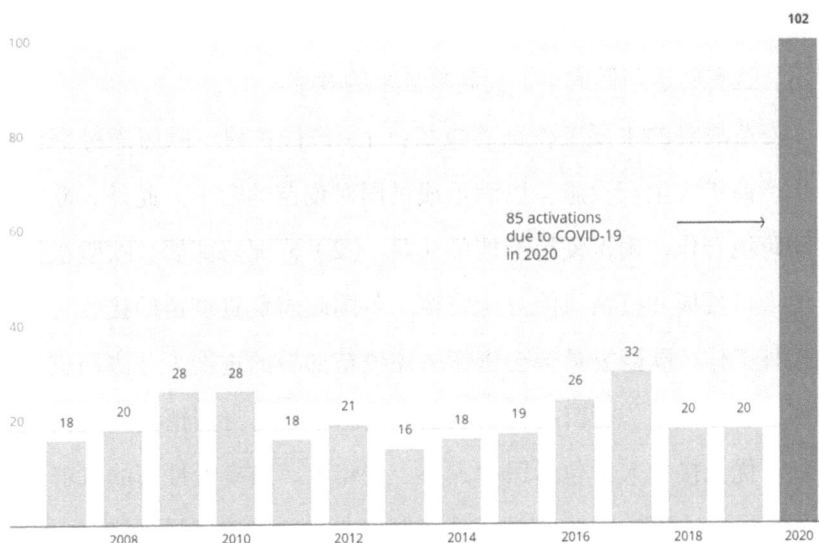

图 2007—2020 年欧盟民事保护机制（CPM）激活次数

资料来源：欧委会。

（三）欧盟疫苗战略

为协调欧盟各国共同协调应对新冠疫情，2020 年 6 月 17 日，欧委会发布《欧盟疫苗战略》，以促进新冠病毒疫苗的开发、生产和部署。欧盟疫苗战略的目标是：确保疫苗的质量、安全性和有效性；在领导全球团结努力的同时，确保成员国及其人口及时获得疫苗；确保欧盟所有人尽早公平获得负担得起的疫苗；确保欧盟国家在推广安全有效的疫苗、解决运输和分配需求以及确定优先群体方面做好准备。疫苗战略是欧盟成员国在制定本国疫苗战略时的重要参考。按照疫苗战略提出的授权程序与安全标准，新冠病毒疫苗自 2020 年底开始在欧盟分发。欧盟委员会负责与疫苗制造商进行谈判,共同采购新冠疫苗。欧盟通过与制药公司签订预购协议,确保疫苗在研发成功后迅速投入使用。这有助于降低成本,提高疫苗采购效率。

疫苗战略的主要工作部署包括:(1)产能扩建。欧盟通过资助疫苗生产商扩大生产设施,以满足成员国对疫苗的需求。此外,欧盟还推动跨境合作,确保疫苗产能的充足。(2)分配与部署。欧盟根据成员国人口规模和疫情风险分配疫苗。各国政府负责疫苗的接收、分发和接种工作。欧盟委员会会密切关注疫苗部署的进展,并协调成员国之间的合作。(3)疫苗接种。欧盟成员国根据自身国情制定疫苗接种计划。优先接种人群包括医护人员、老年人、患有慢性病的人群以及其他高风险人群。欧盟的目标是确保疫苗接种覆盖率尽可能高,从而达到群体免疫。(4)国际合作。欧盟积极参与全球疫苗合作,如通过支持"新冠病毒疫苗实施计划"(COVAX)等全球疫苗分发计划,为发展中国家提供疫苗支持。此外,欧盟还与世界卫生组织(WHO)等国际组织合作,分享疫苗接种的经验和技术。(5)疫苗护照。为促进旅行和经济活动的恢复,欧盟推出了数字绿色证书(Digital Green Certificate),即通常被称为的疫苗护照。这一证书包含了持有人的疫苗接种、新冠病毒检测和康复情况等信息。截至 2021 年底,欧洲药品管理局(EMA)已对辉瑞(BioNTech and Pfizer)、摩德纳(Moderna)、阿斯利康(AstraZeneca)、强生(Janssen pharmaceuticals NV)和 Novavax 等 5 款疫苗发放了有条件上市许可。

2020 年 12 月 21 日,欧委会批准了由 BioNTech 与辉瑞开发的新冠病毒疫苗(简称辉瑞疫苗)的有条件市场授权,使其成为在欧盟第一个得到授权的新冠疫苗。根据与辉瑞公司达成的预先采购协议,欧盟最初向辉瑞公司订购了 2 亿剂疫苗，以及最多 1 亿剂的额外预定。欧委会于 2020 年 12 月 15 日决定购买该 1 亿的额外量。2021 年 3 月 10 日，欧委会与辉瑞公司就额外购入 400 万剂疫苗达成协议，以解决疫情的局部高发及跨境流动问题。2021 年 5 月 20 日，欧委会与辉瑞签署了第三份合同，在 2021 年底到 2023 年之间，欧盟将预定 18 亿剂辉瑞疫苗。其中包括 9 亿剂当前疫苗或适应变异病毒的新疫苗，以及 9 亿剂额外预定。

2021 年 2 月 4 日，欧委会内部市场委员蒂埃里·布雷顿（Thierry Breton）与卫生和食品安全委员 Stella Kyriakides 合作，成立了一个工作队。该工作组旨在提高欧盟的疫苗生产能力，为需要支持的制造商提供一站式服务，并确定和解决生产能力和供应链中的瓶颈问题。工作队与产业界和成员国的定期接触使委员会能够很好地了解欧盟的疫苗生产能力。

2021 年 1 月 29 日，欧盟委员会实施了一项措施，要求出口 COVID-19 疫苗须由成员国批准。这是为了确保所有欧盟公民及时获得疫苗，并确保欧盟以外的疫苗出口的透明度。然而，欧盟将不会延长 COVID-19 疫苗出口透明度和授权机制，该机制于 2021 年 12 月 31 日到期。从 2022 年 1 月 1 日起，这一机制被一种新的监测工具所取代，这意味着疫苗生产商在向欧盟以外出口疫苗时不再需要申请授权。将继续通过这个新工具确保出口的透明度，向欧盟委员会提供及时的、具体公司的出口数据。欧委会为发展欧盟疫苗开发人员的生产能力投入了大量资金，并继续监测流行病学情况，以便在必要时采取适当措施。

在 2021 年 1 月 19 日的通讯中，欧委会宣布将建立欧盟疫苗共享机制，以联合各成员国为伙伴国家提供疫苗，特别注意西巴尔干地区、东部和南部地区和非洲。5 月 21 日，在罗马举行的 20 国集团全球健康峰会上，欧盟宣布了一项关于在非洲制造和获得疫苗、药物和卫生技术的团队欧洲倡议。这一倡议将有助于为非洲当地制造业创造一个有利的环境，并解决供需方面的障碍。它将由欧盟预算 10 亿欧元和欧洲投资银行（EIB）等欧洲发展金融机构支持。欧盟成员国的捐款将进一步加强这一数额。2021 年 7 月 22 日，欧盟宣布，在年底前，欧洲团队将向低收入和中等收入国家提供至少 2 亿剂。大多数剂量将通过 COVAX 传递。2021 年 10 月 11 日，欧盟委员会提议修订 2021 年的欧盟预算。将提供额外的 4.5 亿欧元，以达到 13 亿欧元的价值，以确保通过 COVAX 为低收入和中等收入国家提供额外的 2 亿剂疫苗。2021 年 11 月 29 日，在世界卫生组织世界卫生大会第二次特别会议上，欧委会主席冯德莱恩称，欧盟的目标是在 2022 年中期与低收入和中等收入国家分享至少 7 亿疫苗。

二、欧盟经济政策

（一）欧洲复苏计划

为应对新冠疫情冲击，欧盟启动了共计 2.018 万亿欧元的有史以来最大规模的经济复苏计划，其核心内容包括 2021—2027 年长期预算，以及名为"下一代欧盟"（Next Generation EU）的临时性复苏工具。其中，2021—2027 年长期预算总额为 12109 亿欧元（2020 年价格），"下一代欧盟"计划投资总额为 8069 亿欧元。

1."下一代欧盟"复苏计划（NGEU）

"下一代欧盟"于 2020 年 12 月 17 日获得通过，计划总支出金额为 8069 亿欧元，其中，4075 亿欧元为赠款，3858 亿欧元为低息贷款。

在具体实施方式上，8069 亿欧元总额中，7238 亿欧元将用于成立"复苏基金"（RRF，Recovery and Resilience Facility），包括 3380 亿欧元赠款和 3858 亿欧元低息贷款，资金流向领域包括能源转型、能源效率提升、充电与加油站、宽带、行政数字化、云与可持续处理器、数字化培训；另有 831 亿欧元用于 6 个其他项目，包括 506 亿欧元的欧盟反应计划（RECAT-EU）、109 亿欧元过渡专用基金（JUST TRANSITION FUND）、81 亿欧元乡村发展计划（RURAL DEVELOPMENT）、61 亿欧元投资欧洲计划（INVEST EU）、54 亿欧元欧洲地平线计划（HORIZON EUROPE）、20 亿欧元欧洲救援计划（RESCEU）。

关于 RRF 的资金将根据 GDP、失业率、人口及疫情危机影响等因素在成员国间进行分配。RRF 于 2021 年 2 月 19 日正式生效，所用资金为欧委会代表欧盟在资本市场筹得，有效期限从 2020 年 2 月至 2026 年 12 月 31 日。为获得 RRF 的支持，成员国需向欧委会提交复苏与韧性计划（Recovery and Resilience Plans），详细解释资金流向，并明确疫情对其欧洲学期安排、绿色与数字化转型等造成的挑战。欧委会将对各成员国提交的复苏与韧性计划开展评估，之后由欧洲理事会批准。在各国提交的计划中，绿色气候变化项目的资金占比为 39.9%，数字化项目为 26.4%。具体实施中，RRF 将围绕六大支柱展开投资，分别是绿色转型、数字转型、可持续增长、经济社会凝聚力、经济社会及机构韧性、下一代政策。

表 1 "下一代欧盟"复苏工具资金流向

"下一代欧盟"（Next Generation EU）8069 亿欧元	复苏基金（RRF）7238 亿欧元	能源转型（Clean technologies and renewables）
		能源效率提升（Energy efficiency of buildings）
		充电与加油站（Sustainable transport and charging stations）
		宽带（roll-out of rapid broadband services）
		行政数字化（Digitalisation of public administration）
		云与可持续处理器（Data cloud and sustainable processors）
		数字化培训（Education and training to support digital skills）
	其他项目831 亿欧元	欧盟反应计划（RECAT-EU）506 亿欧元
		过渡专用基金（JUST TRANSITION FUND）109 亿欧元
		乡村发展计划（RURAL DEVELOPMENT）81 亿欧元
		投资欧洲计划（INVEST EU）61 亿欧元
		欧洲地平线计划（HORIZON EUROPE）54 亿欧元
		欧洲救援计划（RESCEU）20 亿欧元

资料来源：欧委会。

RRF 的具体实施分为"评估"和"落实"两个阶段。在"评估"阶段，成员国首先向欧委会提交复苏与韧性计划（Recovery and Resilience Plans）—欧委会对各国计划进行评估—欧盟理事会按具体项目逐一批准—向成员国先行支付所获支持金额的 13% 作为启动资金。在"落实"阶段，成员国按照复苏与韧性计划推进国内改革，并在取得相关成果后，每年不超过两次向欧委会提出后续款项的支付申请，欧委会评估后支付后续款项，"落实"过程将持续循环至 2026 年。截至 2021 年 12 月，除荷兰外，其余 26 个成员国均已提交复苏与韧性计划。2020 年 8 月，欧委会在总秘书处内组建了复苏与韧性工作组（RECOVER），与经济与金融总司共同指导复苏与韧性工具的实施。工作组还将与欧洲学期进行协调，并定期向欧委会主席冯德莱恩进行汇报。

2. 欧盟 2021—2027 年度长期预算（MFF）

欧盟长期预算发展背景与起源。长期预算是欧盟一体化进程的产物。欧共体建立关税同盟并实现商品自由流动后，欧盟税收明显下降，但支出不断上升，造成财政压力上升，在 1979 年至 1987 年期间，由于欧洲议会与欧共体无法在规定时间内就下年度财政预算达成共识，欧盟一度出现 4 次预算危机。为避免预算危机再次发生和确保财政预算量入为出，欧共体决定自 1988 年起实施"多年度长期预算"的制度，即在某一年度为今后几年的预算总额设定上限。1988 年 6 月 22 日，欧盟历史上第一个长期预算（1988—1992 年）通过，被称为"泛机构协议"，即"德洛尔计划"，重点是建立单一市场、巩固多年度研究和发展框架方案；第二个长期预算（1993—1999 年）也称"泛机构协议"，即第二个"德洛尔计划"，优先考虑社会和凝聚力政策并推出欧元；第三个长期预算（2000—2006 年）被称为"2000 年议程"，重点是扩大欧盟版图，目标是实现更强和更大的欧盟；第四个长期预算（2007—2013 年）改名为"多年度财政框架"，优先考虑可持续增长和竞争力，以创造更多就业机会；第五个长期预算（2014—2020 年）即"多年度财政框架"（MFF），旨在促进就业和经济增长，与欧洲 2020 战略相辅相成。2021—2027 年预算是欧盟历史上的第六个长期预算。

欧盟长期预算的制定与实施过程。欧盟长期预算由欧委会负责编制和执行，由欧盟理事会与欧洲议会共同决策。其中，欧委会在欧盟预算问题上具有创议权和执行权，其主要任务是为预算编制草案并负责已经得到批准的预算执行。欧盟理事会对预算草案中的义务性支出部分具有最后决定权。欧洲议会是欧盟预算的另一个决策机构，对预算中的非义务性支出具有最终决定权，对义务性支出也有提出修改意见的权力。

欧盟长期预算的起草与执行流程。在新预算执行开始前的四五年，欧委会将启动前一期长期预算的评估，并研究新预算方案，开展各方咨询等，最终形成新预算草案。在新预算通过后，欧盟及各成员国还将就具体领域的政策制定进行协商，全部完成后新预算才能最终实施。为了确保预算的制定与欧盟长期政治和经济目标的统一，确立了欧委会、欧洲议会和欧盟理事会三方通过协调决定欧盟预算的财政展望系统，其预算决策需要经过一系列程序。预算通过后，由欧盟委员会按照有关财务规则，负责在已获批准的拨款限额内执行预算。预算执行过程中会受到欧盟反欺诈办事处、欧洲监察官、内部审计处和欧洲审计院等内外几道防线的审查和监督。预算执行后，欧盟委员会还须每年向欧盟部长理事会和欧洲议会提交上一财政年度的预算执行账目和关于欧盟资产与负债的报告。

欧盟 2021—2027 年长期预算编制过程及主要内容。2018 年 5 月 2 日，欧委会提出关于欧盟 2021—2027 年长期预算的首份提案，并在随后提出了 37 个具体领域的提案。2018 年至 2020 年初，欧委会、欧盟理事会轮值主席国、欧洲议会就长期预算内容进行多轮谈判。2020 年 5 月 27 日，为应对新冠疫情危机，欧委会提出了"下一代欧盟"临时复苏工具，并有针对性地提出了欧盟2021—2027年长期预算的第二份提案。7月21日，欧盟成员国首脑就该方案达成政治协议（European Council conclusions）。11月10日，欧洲议会和欧盟理事会达成共识。12月10日，成员国在欧盟理事会层面就长期预算和自有资源决定达成了最终共识（finalise the adoption of the MFF Regulation and the Own Resources Decision）。12月16日，长期预算提案获欧洲议会通过。12月17日，长期预算提案获得欧盟理事会通过。12月18日，欧洲议会与欧盟理事会就"复苏与韧性基金"达成共识。欧盟2021—2027年长期预算共包含七大支出主题，每一主题的拨款额度为：单一市场、创新和数字化1495亿欧元；凝聚力、韧性和价值观4267亿欧元；自然资源和环境4010亿欧元；移民与边境管理257亿欧元；安全与国防149亿欧元；邻国与全球1106亿欧元；欧洲公共行政825亿欧元。

（二）欧元区货币政策

新冠疫情发生后，欧央行行动较为迅速，从欧元区层面制定了一整套货币政策和银行监管举措，确保维持市场信心与流动性充裕。欧央行行长拉加德曾指出，"特殊时期需要特殊行动，我们对欧元的承诺没有上限"。欧央行疫中政策主要包括六大部分，分别是大流行病紧急采购计划、利率政策、信贷便利措施、防惜贷措施、提升银行贷款能力措施、国际合作措施。

1. 大流行病紧急采购计划（PEPP）

大流行病紧急采购计划（PEPP）是欧央行在疫情发生后最快推出的，也是最重要的刺激性货币政策。PEPP最初规模为7500亿欧元，并伴随疫情发展经历两次扩充，最终达到 1.85 万亿欧元。计划的结束时间也由最初的 2020 年底延长至 2022 年 3 月底。

PEPP 政策内容。2020 年 3 月 18 日，欧央行宣布启动 7500 亿欧元临时资产购买计划，以应对新冠疫情给货币政策传输机制以及欧元区经济预期造成的重大风险。欧央行在声明中称，根据这项新的"大流行病紧急采购计划"，在现有购债计划之外，欧洲央行还将购买 7500 亿欧元的私营和公共部门债券，计划包括现有资产购买项目下的所有资产类别。资产购买将进行至 2020 年底。2020 年 6 月 4 日，欧央行在议息决议中公布，将 PEPP 规模进一步扩大 6000 亿欧元，并将其期限延长至 2021 年 6 月，此时 PEPP 总规模已经达 1.35 万亿欧元。2020 年 12 月 10 日，欧央行在议息决议中公布，将 PEPP 规模进一步扩大 5000 亿欧元，并将其期限延长至 2022 年 3 月底，此时 PEPP 的总规模达到 1.85 万亿欧元。

PEPP 具体运作方式。根据扩大资产购买计划（APP），欧洲央行一直在购买一系列资产，包括政府债券（government bonds）、欧洲超国家机构发行的证券（securities issued by European supranational institutions）、公司债券（corporate bonds）、资产支持证券（asset-backed securities）和担保债券（covered bonds），以每月 150 亿欧元至 800 亿欧元的规模购买。欧央行认为，这种资产购买通过三个主要渠道影响更广泛的金融状况，并最终影响经济增长和通胀。一是当欧央行购买资产支持证券和担保债券等私营部门证券时，相关资产价格会升高。这些资产与银行向实体经济中的家庭和企业发放的贷款有关，进而将鼓励银行发放更多贷款。贷款供应增加往往会降低银行对企业和家庭的贷款利率，从而改善更广泛的融资条件。二是伴随欧央行购买私人和公共部门资产，这些资产的原持有者将获得资金，并将其投资于其他资产。这一过程将广泛推高证券资产价格、降低收益率（即便不在央行购买范围的证券也将受到间接影响），进而降低有效市场利率，使家庭和企业的借贷成本下降。此外，如果投资者用额外的资金购买欧元区以外的高收益资产，将导致欧元汇率走低，并推高通胀。三是央行的资产购买行为将向市场发出低利率及保持流动性的明确信号，减少了市场波动与不确定性，将有利于引导市场主体的投资决策。

2. 利率政策

欧央行三大关键利率在 2019 年 9 月即已降至历史最低水平，并在疫情防控期间持续。其中，主要再融资利率（he interest rate on the main refinancing operations，MRO）维持在 0；存款工具利率（The rate on the deposit facility）维持在 –0.5%；边际贷款利率（The rate on the marginal lending facility）维持在 0.25%。

表 2　欧元区关键利率变动走势（1999 年 1 月—2023 年 8 月）

生效日期	存款工具利率	主要再融资利率		边际贷款利率
		固定利率投标	浮动利率投标（最低投标利率）*	
2023 年 8 月 2 日	3.75	4.25		4.50
2023 年 6 月 21 日	3.50	4.00		4.25
2023 年 5 月 10 日	3.25	3.75		4.00
2023 年 3 月 22 日	3.00	3.50		3.75
2023 年 2 月 8 日	2.50	3.00		3.50
2022 年 12 月 21 日	2.00	2.50		2.75
2022 年 11 月 2 日	1.5	2.00		2.25
2022 年 9 月 14 日	0.75	1.25		1.5
2022 年 7 月 27 日	0.00	0.5		0.75
2019 年 9 月 18 日	-0.50	0	–	0.25

续表

生效日期	存款工具利率	主要再融资利率		边际贷款利率
		固定利率投标	浮动利率投标（最低投标利率）	
2016 年 3 月 16 日	-0.40	0	–	0.25
2015 年 12 月 9 日	-0.30	0.05	–	0.3
2014 年 9 月 10 日	-0.20	0.05	–	0.3
2014 年 6 月 11 日	-0.10	0.15	–	0.4
2013 年 11 月 13 日	0	0.25	–	0.75
2013 年 5 月 8 日	0	0.5	–	1
2012 年 7 月 11 日	0	0.75	–	1.5
2011 年 12 月 14 日	0.25	1	–	1.75
2011 年 11 月 9 日	0.5	1.25	–	2
2011 年 7 月 13 日	0.75	1.5	–	2.25
2011 年 4 月 13 日	0.5	1.25	–	2
2009 年 5 月 13 日	0.25	1	–	1.75
2009 年 4 月 8 日	0.25	1.25	–	2.25
2009 年 3 月 11 日	0.5	1.5	–	2.5
2009 年 1 月 21 日	1	2	–	3
2008 年 12 月 10 日	2	2.5	–	3
2008 年 11 月 12 日	2.75	3.25	–	3.75
2008 年 10 月 15 日	3.25	3.75	–	4.25
2008 年 10 月 9 日	3.25	–		4.25
2008 年 10 月 8 日	2.75	–		4.75
2008 年 7 月 9 日	3.25	–	4.25	5.25
2007 年 6 月 13 日	3	–	4	5
2007 年 3 月 14 日	2.75	–	3.75	4.75
2006 年 12 月 13 日	2.5	–	3.5	4.5
2006 年 10 月 11 日	2.25	–	3.25	4.25
2006 年 8 月 9 日	2	–	3	4
2006 年 6 月 15 日	1.75	–	2.75	3.75
2006 年 3 月 8 日	1.5	–	2.5	3.5
2005 年 12 月 6 日	1.25	–	2.25	3.25

续表

生效日期	存款工具利率	主要再融资利率		边际贷款利率
		固定利率投标	浮动利率投标（最低投标利率）	
2003 年 6 月 6 日	1	–	2	3
2003 年 3 月 7 日	1.5	–	2.5	3.5
2002 年 12 月 6 日	1.75	–	2.75	3.75
2001 年 11 月 9 日	2.25	–	3.25	4.25
2001 年 9 月 18 日	2.75	–	3.75	4.75
2001 年 8 月 31 日	3.25	–	4.25	5.25
2001 年 5 月 11 日	3.5	–	4.5	5.5
2000 年 10 月 6 日	3.75	–	4.75	5.75
2000 年 9 月 1 日	3.5	–	4.5	5.5
2000 年 6 月 28 日	3.25	–	4.25	5.25
2000 年 6 月 9 日	3.25	4.25	–	5.25
2000 年 4 月 28 日	2.75	3.75	–	4.75
2000 年 3 月 17 日	2.5	3.5	–	4.5
2000 年 2 月 4 日	2.25	3.25	–	4.25
1999 年 11 月 5 日	2	3	–	4
1999 年 4 月 9 日	1.5	2.5	–	3.5
1999 年 1 月 22 日	2	3	–	4.5
1999 年 1 月 4 日	2.75	3	–	3.25
1999 年 1 月 1 日	2	3	–	4.5

资料来源：欧央行。

*商业银行再融资方式包括按浮动利率竞标和按固定利率竞标。按浮动利率竞标时，欧央行会设定最低竞标率。2008 年 10 月以来，欧央行对商业银行再融资均以固定利率竞标方式进行。

3.信贷便利措施

欧央行在疫中推出的主要信贷便利措施是放松贷款抵押品条件，包括扩大抵押品清单，消减抵押品消减估值减记等。

2020 年 4 月 7 日，欧央行宣布了放松抵押品条件的一揽子临时措施。主要包括，将最低信贷索赔额从之前的 2.5 万欧元降低到 0 欧元，以便将小型企业实体作为贷款抵押品；将银行无担保贷款比重由此前的 2.5% 调高至 10%，取消将希腊发行证券作为抵押品的最低质量要求；将抵押品估值缩减比重在原有水平上消减 20%。欧央行声明还强调，这些措施是在疫情防控期间采取的临时性措施，这些措施将在 2020 年底前重新评估。

2020 年 3 月 12 日，欧央行宣布放宽长期再融资操作条件（TLTRO III）。具体措施包括：在 2020 年 6 月至 2021 年 6 月，将 TLTRO III 的利率下调 25 个基点，对该期间未完成的所有 TLTRO III 业务，最低可比平均存款工具利率低 25 个基点；借款限额提高至合格贷款的 50%；取消再融资投标限额；将贷款表现门槛（Lending performance threshold）降至 0。

2020 年 4 月 30 日，欧央行宣布进一步扩大长期再融资操作，并调整定向贷款操作。包括在原有操作基础上推出一系列额外再融资操作；将月度再融资操作安排持续至 2021 年第三季度；2020 年 6 月至 2021 年 6 月，所有定向长期再融资操作（TLTRO III）利率下调 25 个基点至 –0.5%；对于满足 0% 贷款表现门槛的银行，利率可低至 –1；贷款评估期提前至 2020 年 3 月 1 日开始。

2020 年 12 月 10 日，欧央行宣布延长疫情紧急情况下的长期再融资操作，并延长定向放贷期限。包括在 2021 年期间，每季度再进行四项大流行病紧急长期再融资操作（PELTROs），每个 PELTRO 的期限约为一年，均按照固定利率进行招标，利率比一般再融资操作低 25 个基点；将向实体经济放贷的银行优惠利率期限延长 12 个月至 2022 年 6 月；在 2021 年 6 月、9 月和 12 月开展 3 次 3 年期定向放款操作；将贷款额度提高至 55%。

4. 防惜贷措施

为防止商业银行出现惜贷现象，欧央行在疫情时期为有偿付能力的银行提供优惠利率，以缓解再融资方面的问题。

2020 年 3 月 12 日，欧央行发布支持银行流动性与货币市场活力的措施。这包括一系列额外的长期再融资操作（ltro），为银行提供即时流动性支持，并保护货币市场状况。再融资投标将按定额投标程序进行，并按定额分配。所有业务于 2020 年 6 月 24 日完成。

5. 提升银行贷款能力

欧央行在疫情防控期间暂时放松商业银行准备金及资产负债要求，并在监管时间表、最后期限和程序方面给予银行更大的灵活性，以帮助商业银行在疫情时期发挥贷款人的关键作用。

2020 年 3 月 27 日，欧央行更新了对商业银行股息分配的建议。措施指出，各银行至少在 2020 年 10 月 1 日前不应派发过去两个财年的股息，并避免回购旨在向股东支付报酬的股票。该举措主要目的是节省资金，以进一步提高商业银行应对疫情损失能力和向家庭、企业发放贷款的能力。

6. 国际合作维护金融稳定

欧央行认为，在疫情等特殊时期，客户对外币资产的需求可能会增加。如果银行手头没有足够的外汇储备来满足日益增长的需求，将影响市场稳定。为此，欧央行重新启动了货币互换，并提高了与全球各国央行的现有货币互换额度。

三、欧盟能源政策

（一）能源转型政策

1. 可再生能源指令

可再生能源指令（Directive（EU）2018/2001）是欧盟可再生能源领域的基础法律框架。该指令建立了欧盟成员国制定可再生能源政策及行业发展所需遵循的共同原则，进而消除了可再生能源的技术障碍，能够有效刺激投资和降低成本，并赋予公民、消费者和企业参与清洁能源转型的能力。

2021 年 7 月，欧盟委员会提出了关于可再生能源指令的新修订案。新提案进一步提高了可再生能源发展目标，并与气候雄心相呼应。拟议的修订旨在确保可再生能源充分有助于实现 2030 年更高的欧盟气候目标，符合 2030 年气候目标计划，并将 2020 年发布的能源系统整合战略① 和氢战略② 中所提出的一些概念转化为欧盟法律。完成修订后，可再生能源指令中设定的目标和措施将进一步得到推进，到 2030 年将温室气体排放量减少至少 55%。这包括提高整体可再生能源目标（建议提高到 40%），而且还加强了运输或加热和冷却的措施。委员会还致力于建立一个更加节能和循环的能源系统，以促进基于可再生能源的电气化，并促进在电气化尚不可行的领域（例如交通运输）使用可再

---

① 欧委会通信文件 "Poweringaclimate-neutraleconomy：An EU Strategy for Energy System Integration"。

② 欧委会通信文件 "Ahydrogen strategy foraclimate-neutral Europe"。

生能源和低碳燃料，包括氢燃料。

表3 欧盟可再生能源发展年表

2022 年	REPowerEU 计划：2030 年可再生能源比重目标提高到 45%
2021 年	可再生能源指令：欧委会提议将 2030 年的目标提高到 40%
2019 年	欧盟风能和太阳能发电量首次超过煤炭
2018 年	修订后的可再生能源指令：2030 年可再生能源目标达到 32%
2014 年	陆上风能成本低于煤炭、天然气和核能
2009 年	可再生能源指令：2020 年欧盟可再生能源比重达到 20%
2008 年	奥尔梅迪拉光伏公园（西班牙）成为当年全球最大的光伏电站
2003 年	关于运输用生物燃料和可再生燃料的指令
2001 年	可再生能源发电指令
2000 年	第一个大型海上风电场（丹麦）建成
1997 年	未来的能源：可再生能源 2010 年欧盟可再生能源比重达到 12%
1991 年	德国推出首个可再生能源上网电价补贴

资料来源：欧委会官网整理。

2. 欧盟可再生能源发展目标

欧盟能源领域的温室气体排放量占比超过 75%，发展可再生能源是欧盟实现"碳中和"[①]目标的关键一环。

2020 年目标。欧委会于 2010 年发布《具有竞争力、可持续和安全的能源 2020 年战略》（COM/2010/0639），指定了至 2020 年将温室气体排放量减少至少 20%，将可再生能源的份额提高到至少 20%、整体能源消耗节省至少 20%，交通行业可再生能源比重达到 10% 的目标。2001 年至 2018 年，欧盟成员国每两年向欧委会报告其在实现欧盟 2020 年可再生能源目标方面所取得的进展，欧委会则根据相关数据制作欧盟可再生能源发展的总体报告。根据欧盟统计局 2022 年 1 月的

———————

① 即 2030 年温室气体排放量较 1990 年下降 55%，2050 年净碳排放为 0。

可再生能源统计数据，欧盟超额完成了 2020 年的目标，目前可再生能源比重已达 22%。

2030 年目标。可再生能源指令 2018/2001/EU 制定了到 2030 年将可再生能源比重提高到至少 32% 的目标，并规定到 2023 年可能进一步向上修订。为配合欧洲绿色协议中规定的更高气候目标要求，欧委会关于可再生能源指令的提案中提出了欧洲新的 2030 年气候目标，计划将当前目标进一步提高至少 40%。2022 年 5 月 18 日，欧盟委员会发布了 REPowerEU 计划，该计划制定了一系列措施，通过加速清洁能源转型，在 2030 年之前迅速减少欧盟对俄罗斯化石燃料的依赖。REPowerEU 计划基于三个支柱：节约能源、生产清洁能源和使欧盟的能源供应多样化。作为在发电、工业、建筑和交通领域扩大可再生能源规模的一部分，欧委会建议到 2030 年将指令中的目标提高到 45%。这将使可再生能源总发电量到 2030 年达到 1236 吉瓦，与 2021 年提案中设想的到 2030 年的 1067 吉瓦相比显著提高，为了进一步加快可再生能源的部署，欧委会还通过了一项建议加快可再生能源项目的许可审批程序，促进电力购买协议。

（二）欧盟能源安全政策

1. 疫情时期能源协调机制

新冠疫情及乌克兰危机时期，欧盟能源市场出现多次剧烈波动，欧盟官方机构通过与咨询专家组、行业组织的合作，加强在能源供应安全、风险防范及跨境协调等方面的工作[①]。相关专家组包括：电力、

---

① 欧委会疫情防控期间的能源领域工作文件"能源安全：应对大流行风险的良好做法"（SWD/2020/104）对有关工作内容进行了详细记录。

天然气及石油协调小组，欧洲核安全监管专家组，欧洲离岸机构专家组等。上述团体在疫情防控期间为促进成员国、系统运营商和相关能源机构之间的信息共享和协作发挥了关键协调作用。欧委会及其他欧方政府机构还通过征求欧洲不同利益相关者协会的意见，特别是与欧洲电力和天然气输电系统运营商网络分享经验与数据。

2. 欧盟能源平台

欧盟能源平台（EU Energy Platform）于 2022 年 4 月 7 日成立，是欧盟关于购买天然气和氢气的自愿协调机制，意在从欧盟层面，而不是从国别层面开展能源协调，确保盟内能源供应价格稳定，并逐步消除对俄罗斯天然气的依赖。欧盟能源平台以现有政策倡议为基础，联合欧盟成员国、输电系统运营商、协会和市场参与者进行合作，并进一步整合现有的供应安全协调机制（天然气协调小组、天然气运营商 ENTSO-G 网络）和能源基础设施的区域评估（例如高级别小组：CESEC、BEMP 等）。平台运行由欧委会负责指导，在保障能源安全的同时不扰乱市场秩序。

区域工作组。欧盟能源平台的具体工作主要通过区域工作组展开，其中，东南欧区域工作组于 2022 年 5 月 5 日在保加利亚索非亚举行的能源部长级会议上成立；中东欧区域工作组于 2022 年 6 月在捷克布拉格举行的能源部长级会议上成立，除相关欧盟国家外，还包括乌克兰和摩尔多瓦；此外，西北欧、西南欧和波罗的海地区的区域工作组也陆续成立。各地区合作中的关键问题主要包括：消减天然气需求、基础设施的有效利用、供应多元化等。

联合采购机制（Joint purchasing mechanism）。建立联合能源采购机制是欧盟 REPowerEU 计划的关键目标，欧委会将提出一个自愿联合采购机制，该机制将为参与的欧盟国家的消费者谈判和签订天然气合同。

3. 天然气供应安全政策体系

天然气是欧盟的关键能源之一，约占总体能源消费的四分之一，但欧方天然气进口依赖度较高且来源渠道单一。历史上，欧盟天然气供应多次因技术、人为、自然灾害、网络攻击和地缘冲突等原因而出现中断风险。2009 年，因供应价格、过境费及债务纠纷等问题，俄罗斯一度中断对乌克兰及过境乌克兰对欧盟的天然气供应，后经欧方紧急斡旋、俄、乌、欧三方最终达成恢复供气协议；2017 年 12 月，奥地利鲍姆加滕（Baumgarten）天然气枢纽站发生爆炸，该天然气站是欧盟三大天然气配气站之一，事故发生后，匈牙利、斯洛文尼亚、克罗地亚及意大利等国的天然气输送受到影响，多国发布预警或宣布进入能源紧张状态，欧盟天然气价格一度大幅上涨；2022 年乌克兰危机爆发，受到国际能源价格上涨、天然气储备下降及能源供应面临安全风险等原因影响，欧盟天然气价格再次出现飙升，引发社会对欧盟能源安全的担忧。为防止能源供应中断并对相关风险作出及时响应，欧盟已就特殊情况下的状态评估及应对方式制定了具体能源供应安全框架。

欧盟天然气供应政策体系的法律基础——《天然气供应安全条例》[（EU）2017/1938] 是欧盟关于保障天然气安全供应的主要参考法律，制定了天然气应急储备与供应中断应急措施的政策框架。在盟内交流合作方面，该条例规定：通过成员国域内合作以评估共同供应风险，制定联合预防与应急措施；将可能与天然气供应安全有关的重大能源合同上报国家有关部门；除获得特别豁免，输气运营商应保持成员国间输气通道的永久双向互联；有欧洲天然气传输系统运营商网络（NETSOG）进行欧盟范围内天然气供应和基础设施中断的模拟准备。

2021 年 12 月，欧盟通过了关于能源供应安全的一揽子新提案，其中包括对《天然气供应安全条例》的修订。欧盟发布此次修订，意在应对全球能源供应链紧张状况对欧盟能源市场产生的影响，促进欧盟能源供应的多元化转型。其中，通过对《天然气供应安全条例》的修订，将此前针对天然气的安全措施扩展到其他低碳及可再生能源气体，构建基于气体能源的整体安全网络，并加强区域间合作以更有效利用存储系统，新的存储规定还允许输电运营商系统（TSO）在紧急情况下自愿联合采购战略库存。

2022 年 3 月 23 日，在乌克兰危机爆发一个月后，欧委会发布了针对《天然气供应安全条例》的另一新修订案，提出了到 2022 年11 月 1 日将欧盟范围内的天然气库存比重提高到 80%，并在未来数年内增加到 90%。此外还包括应对能源市场失衡和确保欧盟天然气储量充足的具体措施，并着重强调储气罐建设在需求扩张及供给中断时期的抗冲击作用。

欧盟内部能源团结安排（Solidarity arrangements）。《天然气供应安全条例》的一个关键目标是，建立极端天然气危机条件下的盟内团结协调机制。该机制被认为是提高欧盟应对天然气供应中断能力的里程碑式的一步[①]，当前仍处于起步阶段。欧盟已于 2021 年 12 月通过了一项对《天然气供应安全条例》[（EU）2017/1938] 的修订，在附件Ⅱ中提出了一个关于团结安排有关协议内容的模板。目前欧盟成员国间

---

①《风险准备条例》（EU）2019/941 则计划在电力领域建立类似的合作协调机制。

已经签署了6项双边天然气能源团结安排协议，包括：德国和丹麦双边团结协议（2020年12月）、德国和奥地利双边团结协议（2021年12月）、爱沙尼亚和拉脱维亚双边团结协议（2022年1月）、立陶宛和拉脱维亚双边团结协议（2022年3月）、意大利和斯洛文尼亚双边团结协议（2022年4月）、芬兰和爱沙尼亚双边团结协议（2022年4月）。

欧盟天然气协调小组（Gas Coordination Group）。欧盟天然气协调小组是一个常设咨询小组，负责协调危机时期的供应安全措施。该小组协助欧委会监测根据该条例采取的措施的充分性和适当性，并作为主要利益相关者之间交流天然气供应安全信息的平台。此外，天然气协调小组持续监控整个欧盟及其邻国的储存水平和供应安全。该小组定期开会讨论这些问题。小组成员包括成员国能源当局、能源监管机构合作机构（ACER）、欧洲天然气传输系统运营商网络（ENTSOG）、能源行业和消费者协会的代表。

预防行动与应急预案。关于天然气供应安全的预防行动及应急预案由成员国自行制定，内容主要包括消除或减轻其国家和共同风险评估中确定的天然气供应风险所需的措施，以及消除或减轻天然气供应中断影响的措施。欧盟规定成员国相关预案需每4年更新一次，且需遵循相同的结构与要素。欧盟成员国分别于2019年、2023年向欧盟提交了上述预案。

4. 天然气储存新规

天然气储气库，尤其是底下储气库（UGS）供应了欧盟冬季天然气消耗量的25%—30%，是欧盟能源供应链的重要一环。自2021年以来，由于能源价格快速上升，欧盟天然气的存储量降至常年均值以下。

特别是 2022 年初乌克兰危机发生后，能源市场前景的不确定性进一步升温，储气库的重要性进一步凸显。

2022 年 3 月 23 日，欧委会发布了《关于供应安全和负担得起的能源价格》通信文件，提出了确保当年冬季天然气供应安全的具体举措。内容包括：天然气储气量于 2022 年 11 月 1 日达到 80%，并在随后几年增加到 90%；储存场所的经营者应向成员国能源当局报告能源储气水平；欧盟国家应每月监测储气水平并向欧委会报告。此外，由于部分欧盟国家的储存量超过了本国的消耗量，而另一些国家则没有任何储存设施，新规还增加了储量分担机制。

2022 年 6 月 27 日，《欧盟天然气储气库条例》获得通过。根据新立法，储气设施将被视为欧盟关键基础设施，欧盟的所有存储运营商都必须通过新的认证程序，以降低外部干扰的风险。这些规则被认为有助于降低供应风险的安全性，并通过确保适当填充储存来支持欧盟的竞争力。对所有存储系统运营商进行新的强制性认证将避免第三国对关键存储基础设施的影响带来的潜在风险，这意味着未经认证的运营商将不得不放弃对欧盟储气设施的所有权或控制权。此外，天然气储存设施要关闭其运营，需要获得国家监管机构的授权。此外，为了激励欧盟天然气储存设施的补充，欧盟委员会提议在储存设施的入口和出口点对基于容量的传输电价提供 100% 的折扣。

5. 紧急石油库存

石油在欧盟能源结构中占比近 35%，且欧盟原油及石油产品高度依赖进口。《欧盟石油库存指令》（2009/119/EC）对成员国的石油应急库存有以下规定：

欧盟成员国原油或石油产品的紧急库存量需至少等于 90 天的净进

口量或 61 天的消费量，以较高者为准；石油库存必须随时可用，以便在发生危机时能够迅速将其分配到最需要的地方；欧盟成员国必须在每个月底向欧委会发送其库存统计摘要①，并在摘要中说明库存所代表的净进口或消费天数；在供应危机期间，委员会负责组织欧盟国家之间的磋商。在非特殊情况下，成员国不得自主消减应急库存；设立石油协调小组，作为常设咨询机构，负责促进欧盟国家之间以及与欧委会的协调。

6. 能源多样化政策

欧盟能源供应高度依赖俄罗斯，乌克兰危机后，推进能源来源多样化的迫切性进一步上升。目前，欧盟扩大能源来源的主要路径为：开辟南方天然气走廊、发展地中海能源枢纽、建设液化天然气中断设施。

南方天然气走廊（the Southern Gas Corridor）是连接里海天然气（阿塞拜疆）与东南欧国家的输气管道，于 2020 年底开通，意在缓解东南欧国家天然气高度依赖俄罗斯的现状。截至 2022 年 3 月已向欧洲输送了 100 亿立方米天然气。2022 年南方走廊满负荷输送量约为 105 亿立方米。为支持该走廊的后续发展，欧方出台了以下支持性政策：将走廊所需的基础设施项目保留在欧盟第四份共同利益项目（PCI）清单中。这些项目可以从简化的许可程序中受益，获得优惠的监管待遇，并有资格从欧洲连接基金申请欧盟资金；支持跨安纳托利亚天然气管道（TANAP）和跨亚得里亚海管道（TAP）的建设，将天然气从阿塞拜疆通过格鲁吉亚、土耳其、希腊、阿尔巴尼亚和亚得里亚海输送到意大利，并将其列入 PCI 清单。

① 欧盟国家自 2013 年 1 月 1 日起持有的紧急储备水平的详细统计数据可从欧盟统计局获得。

发展地中海枢纽（the Mediterranean hub）是连接欧洲南部与地中海及北非能源供应商的天然气枢纽系统，目前正在筹建当中。地中海枢纽将主要依靠阿尔及利亚的天然气供应能力，同时，以色列、埃及和塞浦路斯也将成为欧盟扩大能源来源的合作伙伴。通过管道或液化天然气将天然气从该地区带到欧盟和世界市场有多种选择。值得注意的是，涉及塞浦路斯东地中海管道和 Cyprus Gas 2EU LNG 接收站的天然气中有两个共同利益项目（PCI），后者在 2017 年底授予了重要的连接欧洲设施（CEF）赠款。

液化天然气终端。2016 年 2 月，欧盟委员会提出了一份欧盟战略[COM（2016）49 final]，用于液化天然气和天然气储存。通过 LNG 接收站进口到欧洲的液化天然气（LNG）是多元化的来源，有助于天然气市场的竞争和供应安全。为了适应世界天然气市场的不断调整，来自北美、澳大利亚、卡塔尔和东非的新液化天然气供应正在扩大全球液化天然气市场的规模，其中一些数量已经到达欧洲市场。考虑到大部分现有欧洲产能位于西欧，并且从大西洋沿岸到东部存在内部瓶颈，欧盟战略确定了数量有限的基本"共同利益项目"，主要是互连线，这将使市场来自欧盟各个角落的参与者从液化天然气中受益。此外，与波罗的海和东南欧的情况一样，根据《跨欧洲能源基础设施指南条例》[（EU）347/2013]，一些液化天然气再气化装置已被确定为共同利益项目。

（三）可再生能源政策

1. 太阳能

太阳能是欧盟增长最快的能源，也是最具竞争力的可再生能源之一。长期以来，欧盟一直是太阳能普及的领跑者。在过去十年中，太阳能的成本下降了82%。2020年，欧盟太阳能市场容量增长了18吉瓦。太阳能的拓展应用有助于减少欧盟对进口化石燃料的依赖，欧洲绿色协议和REPowerEU计划均已将太阳能作为欧盟向清洁能源转型的基础能源。此外，太阳能是家庭最容易获得的可再生能源，有助于保护消费者免受能源价格波动的影响。

2022年5月，欧盟发布太阳能战略[①]。该战略对太阳能行业发展提出了全面指导，涵盖了所有技术和需求。它确定了仍然阻碍太阳能在能源转型中充分发挥其作用的障碍，并提出了消除这些障碍的措施。

该战略提出的主要举措包括：一项欧洲太阳能屋顶倡议，旨在加快太阳能在建筑物中的部署，该倡议包括一项提议，在未来几年逐步引入在不同类型建筑物中安装太阳能的义务；涵盖整个可再生能源部门的欧盟大规模技能伙伴关系；欧盟太阳能光伏产业联盟，该行业利益相关者为提高欧盟产量而合作的论坛；与REPowerEU计划一起通过的加快可再生能源项目许可的倡议将有助于加快太阳能在欧盟的部署。

2.风能

欧盟致力于成为全球可再生能源的引领者，风能是实现这一目标的关键。截至2020年，风能在欧盟可再生能源中所占比重已达36%。同时，风能行业也为促进经济可持续增长和创造就业做出了较大贡献。2020年，风能行业为欧盟共提供了24万—30万个工作岗位，其中，海上风电提供了约6.2万个工作岗位。

支持性准入政策。为避免因准入程序烦冗而影响风能项目的推进，欧盟在可再生能源指令（2018/2001/EU）中规定了关于风能项目最长

---

① EU Solar Energy Strategy [COM（2022）221]

审批时间的规定。此外，指令还提出了可再生能园社区（renewable energy communities）概念，赋予公民在风电农场（wind farms）等清洁能源转型项目中的参与权，进一步提高对可再生能源项目的接受度。

3. 海上可再生能源

欧盟海上可再生能源丰富，包括风能、波浪能和潮汐能等多种来源。由于海上可再生能源开发不会排放温室气体，且能够有效避免一些陆上能源开发中面临的问题，例如山体、建筑物遮挡、难以连接已有电网等。因此，海上可再生能源是欧盟实现清洁能源转型的重要组成部分，具有较高的发展潜力。

后疫情时期，欧盟官方对海上可再生能源项目投资持积极支持态度，意在借此促进持久的就业和经济活动，助力绿色复苏和长期可持续的包容性增长。欧洲能源基础设施、监管框架、市场设计以及研究和创新的持续发展对于培育和改善海上可再生能源并促进必要的投资同样必要。这包括在北部、波罗的海、地中海和黑海、大西洋以及欧盟最外围地区和海外领土的海盆层面整合海上可再生能源，并确保在国家海洋空间计划中实现雄心勃勃的目标。

新修订的《跨欧洲能源网络（TEN-E）条例》也正在考虑陆上和海上电网基础设施发展的区域合作。2020 年 11 月 19 日，欧委会发布了《欧盟海上可再生能源战略》①，为海上可再生能源发展提供了政策支持。为了最大限度地发挥其影响，欧盟战略超越了对能源生产因素的狭隘定义，并解决了更广泛的问题，包括进入海洋空间、产业和就业、区域和国际合作、技术转化、环境保护等。该战略将与欧理会和

---

① AnEU Offshore Renewable Energy Strategy，COM（2020）741final

欧议会以及地区代表、利益相关者、社会合作伙伴、非政府组织和欧盟公民进行讨论,然后再采取建议的政策行动。该战略提出到 2030 年欧盟海上风电和其他海洋能源装机容量分别提升至 60 吉瓦、1 吉瓦,到 2050 年分别达到 300 吉瓦、10 吉瓦至 40 吉瓦。此外,欧理会于 2020 年 12 月 11 日通过了关于促进欧洲海上合作的结论,为欧委会提供政治指导,以确保迅速跟进这些结论和欧盟海上可再生能源战略。

四、欧盟外资安全审查政策

(一)欧盟外资审查政策背景

近年来,在美西方国家推动立法改革,大幅收紧外资安审政策背景下,欧盟及其主要成员国也在加快政策调整步伐,具有代表性意义的《欧盟外国直接投资审查框架条例》应运而生。构建这一旨在推动欧盟各成员国安全审查政策协调及信息沟通的合作框架,意味着目前盟内差异巨大的国别安审机制开始向政策统一、口径一致的方向发展。条例出台、加之与其相关的一系列欧盟及成员国政策调整,将显著转冷欧盟投资环境、收窄投资空间、提高投资成本,未来外资、特别是中国企业对欧盟关键技术、关键基础设施、关键原料等领域的投资将面临更大的不确定性及政治风险。对此,当务之急是建立起专业、行之有效的应对预案,及时全面把握欧方政策动向,管控纾解短期风险,科学规划走出去中长发展路径,完善国内政策及专业机构支持体系,提升企业国际化水平经验。此外,要积极探索及拓展对欧合作方式、维护中方利益,力保中欧经济技术互利合作的长效与稳定。

《欧盟外国直接投资审查框架条例》已于 2019 年 4 月 10 日生效、2020 年 10 月 11 日起全面实施。

（二）欧盟外资审查政策内容

框架条例共含 17 项条款（Article1-17），有"事项及范围""定义""审查触发条件""成员国外资审查机制""信息报告义务""合作机制""信息管理与保密条款""联络机构与专家组""评估及授权""生效"等十个方面的具体内容，以下就各条主要内容分别进行汇总及分析：

1. 事项及范围

Article1 对条例的立法目的及权力范围进行了规定。其中，第 1 款内容强调制定条例的目的，是为基于安全及公共秩序开展外资审查而建立一个法律框架。与此同时，在第 2、3 款中，明确了基于《欧盟基础条约》第 4 条第 2 款及《欧盟基础运行条约》第 346 条之规定，维护国家安全属于成员国自身权责范围，且条例不会限制成员国自身安全审查机制的相关权限。

较于欧委会立法建议中的第 1 条，修改后的最终文本增加了明确成员国在安全领域的专属权责，进而回应了提案之初各方担忧的主权让渡问题，进而为条例获得广泛认同扫清障碍。

2. 定义

Article2 给定了条例中出现的"外国直接投资""外国投资者""审查""审查机制""审查结果""第三国"等 7 个具体定义，其中："外国直接投资"是指一个境外投资者的任何一种为了在境外投资者和被提供资金的企业家或经营者之间确立或维持持续性且有直接联系的投资行为，且其目的在于在某一成员国境内继续一项经济活动，包括能够有效参与一家进行某一经济活动的公司的经营管理和控制的投资行为。"审查"是指对外国直接投资进行评估、调查、授权、限制、禁止或解除的相关程序。"审查机制"是指基于安全或公共秩序而建立的普遍适用的文书，如法律或法规，以及伴随的行政要求、实施细则或指导方针，或是规定筛选外国直接投资的条款、条件和程序。

该条关于直接投资的概念定义极为宽泛，并未对投资的持股比例、进入模式、运行方式进行任何量化，进而为条例生效后的具体操作预留了很大的空间，也为投资欧盟的域外企业规避审查风险设置了更大的困难。

3. 审查触发条件

条例中关于欧委会外资审查触发条件相关内容见于 Article 4、Article 8（1）及条例附件之中，涉及审查权限、审查主体、审查内容、审查方向等方面的具体规定，值得注意的是，除附件中规定的与欧盟利益相关的项目或计划的投资领域之外，其他条款中规定的触发条件均为非穷尽。

Article 4 规定，在确定外国直接投资是否可能影响欧盟安全或公共秩序时，成员国和欧委会可考虑以下因素：关键基础设施、关键技术、关键原料的供给安全、敏感信息的访问与控制、媒体自由与多元化等。此外，欧委会及成员国在判定外资是否可能触及欧方安全及公共秩序时，要关注投资方是否受到第三国政府控制、收购是否得到来自政府的资金支持，以及外国投资者是否参与影响安全及公共秩序的活动、是否存在从事违法行为的风险。

在 Article 8（1）及附件中，条例还以穷尽式清单的方式列举了审查重点关注的与欧盟利益相关的项目和计划，未来第三国对相关领域的投资将面临极高的安全审查风险。相关领域主要包括欧洲卫星计划（哥白尼地球观测计划、欧洲地球同步导航覆盖服务与伽利略卫星导航系统）；欧盟地平线 2020 计划、欧盟泛欧网络计划内的运输、能源和电信基础设施；此外还包括欧盟国防及防务合作的相关领域。

4. 成员国外资审查机制

Article 4 规定，欧盟成员国有权基于安全及公共秩序建立、维持、修改、采用外资安全审查机制，但已经或计划建立审查机制的成员国需要按时通知欧委会，并按条例规定与欧委会及其他成员国进行合作。同时要求，成员国的安全审查机制是需要公开、透明、对第三国平等的。

5. 成员国的信息报告义务

信息互通是《条例》建立的主要目的之一，对信息内容及交互方式的要求在 Article 5 和 Article 9 中进行了详细规定。

Article 5 规定，成员国需在条例生效后的每年 3 月 31 日向欧委会提交一份涵盖上一年度外资安全审查信息的报告，包括审查机制、审查内容及与其他成员国和欧委会的审查合作信息等，报告内容将对外公开，涉密及隐私信息除外。

Article 9 规定，各成员国应确保按时提供 Article 6、Article 7 等条款中所需信息，主要包括：外国投资者情况及受资企业所有权结构、投资规模、投资企业的业务内容、受资成员国、投资涉及的基金及其来源、投资日期等五方面内容。此外，该条还规定，其他成员国有权规定要求提供补充信息；如果投资所在国无法获得相应信息，其他成员国则可以根据自己获得的相应信息发表意见。

6. 合作机制

合作机制的构建是条例主要内容之一，在 Article 6、Article 7、Article 8、Article 13 等条款中，对成员国之间、成员国与欧委会之间关于机制合作，特别是信息互通方面进行了详细的规定。其中：

Article6 针对已建立外资安全审查机制的成员国与欧委会及其他成员国的合作进行了规定。根据该项条款，若某一成员国认为发生在其他国家且正在接受审查的直接投资可能影响到自己国家安全，则可向投资所在国发出意见，并通知欧委会，作为信息一部分，开展审查的成员国应明确其进行审查的外国直接投资是否属于欧盟第 139/2004 号条例的适用范围。若欧委会发现发生在一国的正在接受审查的直接投资可能影响到其他国家的安全时，应通知投资所在国，当影响成员国数量超过成员国的三分之一时，应对此发表意见，无论其他成员国是否已发表意见。此外，当某一成员国认为发生在自己领土内的直接投资可能影响自身安全及利益时，也可要求其他成员国及欧委会发表意见。同时，该项条款还就成员国及欧委会间的信息、意见交流规定了明确的时限。

Article 7 则针对尚未建立外资安全审查机制的成员国与其他成员国及欧委会的合作进行了规定。如果一成员国认为发生在某一尚未建立外资安全审查机制成员国中的外国直接投资可能影响其安全及利益时，有权通知投资所在国并发表意见。若欧委会发现相同情况时，也可通知投资所在国及受影响成员国，在受影响国家超过总数三分之一时，则可公开发表意见，无论其他国家是否发表了意见。

Article 8 则针对附录中列出的与欧盟利益直接相关的项目、可能发生的外国直接投资的审查及合作办法进行了规定。除在 Article 6、

Article 7 已规定的沟通流程外，Article 8 还特别规定了针对这些敏感领域的投资，投资所在国有义务认真、最大程度地接受欧委会的审查意见，如果不接受，则必须给予合理解释。

Article 13 还规定了欧盟成员国和欧委会可与第三国主管当局合作，就基于安全和公共秩序的外国直接投资审查问题开展合作。

7. 信息管理与保密条款

在 Article 10、Article 14 中对信息管理和信息保密问题进行了规定。Article 10 规定各成员国和欧委会须对所获信息进行必要保护，且不得在未经信息来源方许可情况下对涉密信息进行解密。Article 14 则对审查机制所获取的私人信息管理进行了相应规定。

8. 联络机构及专家组

在 Article 11、Article 12 中，对欧盟外资安全审查机制设立联络点及专家组设置进行了规定。Article 11 规定成员国及委员会均应设立联络点，并对信息加密提供技术支持，但条例并未明确联络点是否为实体性质。Article 12 规定了欧盟安全审查机制专家组的设立要求，专家组应向欧委会提供咨询意见，同时规定专家组讨论内容需要保密。

9. 评估及授权

Article 15 规定，在条例生效后第三年以及此后每五年，欧委会应评估本法规的功能和有效性，并向欧洲议会和理事会提交报告。成员国应参与这项工作，必要时向欧委会提供编制该报告所需的额外信息。若报告认为条例需要进行修订，可随附相应提案。

Article 16 规定，欧委会被授予通过授权法案的权力。

10. 生效

根据 Article 17 的规定，本条约应在其在《欧盟官方公报》上公布后的第二十天生效，条例将自 2020 年 10 月 11 日起全面适用。

（三）欧盟外资审查政策特征

1. 内容广泛性

条例对于审查对象及审查触发条件的界定极为宽泛，为欧盟外资审查机制的落实和未来调整预留了很大的操作空间。条例第 2 条中，将"外国直接投资"定义为外国投资者进行的任何旨在与被投资方建立或保持长期和直接的联系。由于满足"长期和直接的联系"的要件要比满足产生"控制权"的条件要低得多，因此，即便外资对欧盟境内企业的收购行为不会产生公司法或反垄断法意义上的控制权，该收购也可能满足该条例中规定的外国直接投资的要件。

同时，该条例的适用范围（即审查触发条件）也存在很大程度的模糊空间，除去条例附录中明确的 8 项与欧盟利益直接相关的项目之外，其他领域的使用范围皆为非穷尽的，即欧委会及各成员国均有权基于各自对事关安全及公共秩序（security or public order）的投资领域解读而开展外资安全审查。而对于已列出的审查使用范围也尚缺乏明确的解释。例如，何谓"敏感信息"（sensitive information），何种类型和程度的直接投资会被认定为有能力控制敏感信息？在实际操作中，这会给成员国和欧盟委员会很大的操作空间，也增加了外资并购活动在欧盟境内的不确定性。

值得注意的是，条例文本中关于审查范围的界定相对于最初提案进行了进一步扩充：

除最初草案版本 Article 4 规定的"关键基础设施"范围外，条例中增加了水务、医疗、媒体、航空航天、国防、选举基础设施，以及对使用该基础设施至关重要的任何土地和房地产，此外提案还明确虚拟基础设施和实体基础设施均包含于清单之内。

除最初草案版本 Article 4 规定的"关键技术"范围外，条例中增加了量子、航空航天、国防和能源存储技术、纳米技术和生物技术。

关于最初草案版本 Article 4 规定的"关键原材料供应安全"，条例中具体细化至能源或原材料及粮食安全。

关于最初草案版本 Article 4 规定的"敏感信息"内容，条例中明确规定个人信息也属于敏感信息，因此获取相关数据的商业行为也将作为外资审查的考虑因素。

此外，调整后草案内容还增加了"媒体自由和多元化"，并将"外国投资者存在从事非法或犯罪活动的重大风险"也作为外资审查考虑因素。

表 2 欧盟外资审查框架条例规定的审查触发条件清单（非穷尽）

	领域	具体内容	说明
I	关键基础设施	能源、交通、水、卫生、通信、媒体、数据处理或存储、航空航天、国防、选举或金融基础设施，其他敏感设施，以及对使用此类基础设施至关重要的土地和房地产	实体性及虚拟性基础设施均包含在内
	关键技术	人工智能、机器人、半导体、网络安全、航空航天、国防、储能、量子和核技术以及纳米技术和生物技术	主要为理事会条例（EC）No428/20093 中所涉及的关键技术和军民两用项目
	关键原料供给	能源、原材料及粮食安全	新加提案修改版本
I	敏感信息	对信息的访问与控制	提案修改版本明确个人信息也属于敏感信息
	媒体	媒体自由和多元化	为提案修改后新加

续表

	领域	具体内容	说明
II	其他触发条件	1.外国投资者是否由第三国政府（包括国家机构或武装部队）直接或间接控制，包括通过所有权结构或重要基金投资； 2.外国投资者是否已参与影响成员国安全或公共秩序的活动； 3.外国投资者是否存在从事非法或犯罪活动的严重风险	
III	影响欧盟利益的项目或计划	见于条例附录，含8项内容： 1.欧洲全球导航卫星系统方案（伽利略系统及ENGOS）； 2.哥白尼计划（全球环境与安全监测计划）； 3.地平线2020； 4.泛欧运输网络（TEN-T）； 5.泛欧能源网络（TEN-E）； 6.泛欧电信网络； 7.欧洲国防工业发展计划； 8.永久性结构性合作（欧洲联合防务）	该项为穷尽性清单

资料来源：REGULATION（EU）2019/452OF THE EUROPEAN PARLIAMENT AND OF THE COUNCIL of 19 March 2019 "establishing a framework for the screening of foreign direct investments into the Union"，经作者整理。

2. 执行非强制性

建立类似于美国 CFIUS 的外资安全审查机制在欧盟内部早有讨论。《里斯本条约》将"外国直接投资"引入《欧洲联盟运行条约》共同商业政策中，隶属于欧盟专属权能的一部分。但由于《里斯本条约》同时将安全事务及一部分投资政策的管辖权定位为成员国主权范畴，公共秩序和公共安全也一直被视为成员国专属权能，这一权能已被 2017 年欧洲法院第 2/15 号意见再次确认，具有明确法律依据。此次框架条例的出台虽然为构建欧盟整体层面安全审查体系奠定了基础，但外资审查委员会的审查意见仍不具有法律约束力，对列入审查的案例也不具有否决权，对于涉事项目的最终审查决定，投资所在国具有

"最终决定权"（keep the last word），因而并未触及成员国主权让渡这一敏感领域。从条例规定的成员国合作方式上，框架的审查职能并非独立于成员国审查框架之上，相关信息的报告汇总仍是以成员国为单位，无须企业单独上报。因此，从中短期层面看，条例的出台在欧盟统一监管外资这一范畴上的形式大于内容，其实际作用更多在于加强成员国之间以及成员国同欧盟之间的外资安全政策协调，建立起信息沟通及发表意见的渠道，并开展有限审查。

此外，该条例也并未规定并购当事方有义务在交割前向欧委会申报交易或者在欧委会出具审查结果之前暂停交易。可见，这一条例在为各成员国建立 FDI 审查机制框架的同时保持了必要的国别灵活性，使各个成员国仍有空间考虑本国国情和合法利益，并不强制要求成员国采取或者保持外资审查机制，而是为现有或者将有外资审查机制的成员国提供一套最低的标准。

3. 机制协同性

欧盟外资安全审查机制的建立不会取代或影响现有的其他欧盟统一监管机制运行，特别是欧委会仍将继续行使《欧盟并购控制条例》赋予的对部分并购交易的"一站式"管辖权，安全审查机制的运行将与其他机制开展协调性的合作。如果一项外资并购应按照欧盟并购条例向欧委会申报，那么欧盟成员国如决定针对交易采取措施以保护其合法权益，必须将其决定通报欧委会并经其批准，除非寻求保护的权益涉及安全或公共秩序。即使按照本立法提案作出的决定，也仍需遵守该原则。

对于框架条例的实施，尽管其注释称欧委会将确保其和欧盟并购条例在适用方面采取一致的做法（即也需要事先寻求欧委会批准），但对欧委会在实践中将如何对待成员国对战略行业的国内龙头企业的保护措施，以及是否会采取较为温和的做法仍需进一步观察。条例还将与认定能源、原材料和电子通信领域的关键基础设施和资源，以及在某些情况下（例如天然气和输电系统）要求对外资所有权的影响进行评估的其他相关欧盟制度保持一致并互为补充。同时，立法提案不会影响现有的特定航空运输服务经营许可证持有者的外方持股限制，也不会影响对金融领域收购进行审慎审查的欧盟制度。从具体行业领域看：

能源行业。《条例》要求对由欧盟外第三国国有企业掌控、由国家银行或由国家主权基金背书支持的在欧战略性基础设施领域投资收购进行审查。要求评估由第三国掌控的能源供应商或电力传输系统对于欧盟及成员国的安全影响；要求成员国评估天然气和电力系统的外国供应商对国家及地区带来的风险，并对此制定预防行动计划于应急方案；明确要求第三国控股的天然气或电力输送系统运营商不得在欧盟境内运营，除非在认证过程中证明其不会对欧盟成员国构成安全威胁。

原材料。欧委会于2011年制定了第一份欧盟关键原材料清单，承诺至少每三年更新一次。《条例》更新了欧盟关键材料清单，并支持成员国制定补充条款。

网络及通信。《条例》规定成员国具有网络安全准备义务，并应向提供基本服务的欧盟外运营商及数字服务供应商介绍和报告欧盟基本要求。

航空运输。欧盟航空承运公司50%以上的股份属于非欧盟国家时，则不能在欧盟境内获得许可。

金融业。欧盟金融立法赋予主管部门对于并购或增持股份进行审慎评估的权利，并明确规定了相关标准及程序，《条例》生效将不影响欧盟对外资增加金融部门持股或进行收购审查的原有规定。

军民两用产品出口限制。《条例》将不影响关于居民两用品出口管制的原有规定，以防止相关物品可能对国际安全构成风险。

欧洲太空计划。在欧委会关于欧洲空间战略的沟通文件中，强调应对并解决欧洲太空领域供应链脆弱的重要性，《条例》在实施中将支持和体现这一目标。

4. 关联拓展性

从欧盟整体外资审查机制及各主要成员国外资审查机制的改革方向及内容看，二者在未来的立法进程推进及落实操作方面将具有很高的关联性。按照欧洲议会智库的解释，"该提案的目标既不是协调目前只有不到一半的成员国使用的正式外国直接投资筛选机制，也不是用单一的欧盟机制取代它们。它旨在加强欧委会与成员国在外国直接投资筛选方面的合作，以提高法律确定性和透明度。"欧盟外资审查条例虽不具有超越成员国主权的法律效力，但其具体内容，尤其是安全审查的触发条件却对相关成员国具有极强的示范性意义。从尚未建立外资安全审查机制，尤其是对外资持相对欢迎态度的 14 个欧盟成员国而言，非约束性的欧盟审查条例将不会实质性影响其引资态势，因而在立法进程中反对声音渐于温和。而对已建立安全审查机制的 14 个成员国而言，欧盟审查机制的建立有助于其有效管控盟外国家以盟内资本自由流动为由，借助其他欧盟国家而进行的"跳板式"投资并购行为。德、法、意等外资流入国可借此对一切可能影响其战略利益和国家安全的直接投资进行审查或干预。

可见，此次条例的出台将有效整合欧盟成员国复杂多样的外资安全审查机制，使此前成员国"各自为政"却又相互影响的外资政策进一步协调统一。无论有无外资监管机制、无论对外资持欢迎还是谨慎态度，欧盟都能对域内并购投资行为开展监管。此外，欧盟整体外资审查机制在审查范围及触发条件上的模糊定位将为国别外资审查范围的进一步扩充提供依据，预计部分成员国外资审查机制在实际操作中将积极与欧盟方面对接，以发挥更大的监管效力，目前德国、意大利政府均已明确提出，准备将条例中的敏感领域清单引入本国的外资监管法律。

五、欧盟政策文件术语

本节包括与欧盟主要机构文件、政策规章、立法程序等有关的常用术语，在保证概念准确、完整的前提下，对复杂法律解释进行了适当简化，并附加英文概念解释进行对照。

（一）欧盟机构通用法律及政策术语

条例：必须在整个欧盟统一实施的、具有法律约束力的法律文本。一项条例的法案通常由欧委会提出，由欧盟理事会和欧洲议会批准。（Regulation: It's a legally binding Legislative Act that must be applied uniformly across the EU. It is proposed by the Commission and approved by Council and EP.）

指令：规定了欧盟目标的具有法律约束力的法律文本。对于相关目标的实现，应由各个国家制定自己的法律，同时将指令转化为国家立法。指令法案通常由欧委会提出，并由理事会和欧议会批准。

（Directive: Legally binding Legislative Act that sets out a goal that all Member States must achieve. It is up to the individual countries to devise their own laws on how to reach these goals while transposing the Directive into national legislation. A Directive is proposed by the Commission and approved by Council and EP. ）

建议：无法律约束力。欧盟机构以此形式发表他们的观点或提出行动方案。即使建议不构成有约束力的行为，但被建议的主体通常也被期望自愿遵守。(Recommendation: not legally binding. Allows EU institutions to make their views known or suggest a course of action. Addressees are notified. Even though Recommendations do not constitute a binding act, the subject of a Recommendation is generally expected to voluntarily comply.)

意见：不具有法律约束力。欧盟机构以此发表声明、但不会对被意见的主体施加任何法律约束力。意见可以由欧委会、欧议会、欧理会，以及地区委员会（CoR）和欧洲经济和社会委员会（EESC）发布。[Opinions: instrument that allows the institutions to make a statement without imposing any legal obligation on those to whom it is addressed. An Opinion is not legally binding. It can be issued by the three main EU institutions（Commission, Council, Parliament）, plus the Committee of the Regions（CoR）and the European Economic and Social Committee（EESC）.]

（二）欧盟立法程序

欧盟立法程序主要包括普通立法程序和特别立法程序。特别立法程序包括同意程序、协商程序。具体见下文：

普通立法程序：欧洲议会（EP）和欧理会在平等基础上通过欧盟法律的程序。主要流程包括：（1）提出法案，一项欧盟法律（通常指条例、指令、欧委会决定）的立法议案通常由欧委会提出；（2）（最多）三读，在任何阶段，一旦欧议会及欧理会就法案文本达成一致，即可结束；（3）调解程序，若理事会不能接受欧议会在二读中通过的法案修正文本，则开启该程序。欧洲议会及理事会将在"调解委员会"（详见《欧议会议事规则》第 77 条）机制下开展谈判，以期最终达成双方均认可的"共同文本"。[Ordinary Legislative Procedure：is the adoption of legislation jointly and on an equal footing by the European Parliament（EP）and the Council. It starts with a Legislative Proposal from the Commission（normally for a Regulation，Directive or Decision）and consists of up to three Readings，with the possibility for the two co-legislators to agree on a joint text – and thereby conclude the procedure – at any stage. A conciliation procedure is opened if the Council cannot accept all the amendments adopted by EP at second reading. This consists of negotiations between the two co-legislators in the framework of a Conciliation Committee（for its composition see Rule 77 of the EP Rules of Procedure），with the objective of reaching an agreement in the form of a "joint text" which then has to be confirmed by both EP and the Council.]

同意程序：一项法案在取得欧议会同意后，再由欧理会通过的立法程序。因此，欧议会对法案具有关键额的接受或拒绝权利。与此同时，欧议会不能对法案进行修改，在投票过程中，如果没有达到所需的多数（通常是简单多数），该提案必须被视为被否决。欧理会无权否决欧议会的意见。这一立法程序一般用于欧盟谈判达成的某些国际协定时，如自由贸易协定（包括《中欧全面投资协定》）。Consent Procedure：the Council can adopt Legislative Proposals after obtaining the consent of the EP. The EP therefore has the power to accept or reject a Legislative Proposal，but cannot amend it. If the required majority（usually simple majority）is not reached，the proposal must be considered rejected. The Council has no power to overrule the EP s Opinion. This procedure is required when the Council adopts certain international agreements negotiated by the EU such as Free Trade Agreements（including the CAI）.

咨询程序：在欧议会就法案提出具体意见后，有欧理会决定是否通过的立法程序。在此程序中，欧议会的意见包括批准、拒绝或建议包括对草案进行修改。虽然在法律层面上欧理会没有义务必须遵照欧洲议会的意见，但根据欧洲法院（ECJ）的案例经验，欧理会通常不可以在尚未受到欧议会意见的情况下通过相关法案。这一立法程序主要用于根据共同的外交和安全政策通过的国际协议。[Consultation Procedure：the Council adopts a Legislative Proposal after the EP has submitted its opinion. In this procedure the EP may approve，reject or propose amendments to the Legislative Proposal. The Council is not legally obliged to take the EP s opinion into account，but according to the case-law of the European Court of Justice（ECJ），it must not take a decision without having received it. The procedure is required when international agreements are adopted under Common Foreign and Security Policy.]

三方会谈：由欧议会代表、欧理会主席国（Presidency of the Council of the European Union）和欧委会之间的会议。三方会谈可以在立法程序的任何阶段进行，但最常见的是在一读之前。三方会谈的目的是让各机构就一项法案找到一个共同的妥协立场。（Trilogue：a meeting between an EP delegation, the Council Presidency and the Commission. It can take place at any stage of the Legislative Procedure but it is most frequently held ahead of First Reading. Its purpose is for the Institutions to find a common compromise position on a Legislative Proposal. ）

（三）欧议会政策法律术语

立法性自发倡议报告（INL）：按照《欧盟运行条约》第 225 条规定，欧议会具有发起一项法案的间接（非正式）权利。欧议会可以通过发布 INL 来要求欧委会提交其所需的立法提案，并设定提交的截止日期。并且在 INL 中，欧议会必须附上一份其已经完成的法律草案。在发布 INL 前，欧议会相关委员会必须先取得党团主席会议（Conference of Presidents）的授权。欧委会接到 INL 后必须做出回应，但有权同意或拒绝欧议会的要求。[Legislative Own Initiative Report（INL）：Art. 225 of the Treaty on the Functioning of the European Union provides for an indirect（not formal）right for the EP to initiate legislation. With a INL the EP may request the Commission to submit any appropriate legislative proposal setting a deadline for its submission. The authors must attach a draft of the requested piece of legislation. The Parliament Committee responsible must first ask the Conference of Presidents for authorisation. The Commission may agree or refuse to submit the proposal requested.]

非立法性自发倡议报告（INI）：欧议会通过发布 INI 来要求欧委会提交一项法案。INI 不会要求欧委会必须做出回应，但仍具有政治压力，因而实际工作中欧委会很少无视 INI 的意愿。欧议会每个具体委员会每年可以发布的 INI 数量有限，因此在起草一项 INI 之前，相关委员会必须先通过主席会议关于报告限制的检查，并获得授权。且相对于 INL 需要绝对多数同意，INI 在出台前只需通过欧议会议员的简单多数同意，因此 INI 更容易被采用。此外，在 INI 文本中不需附加草案。[Non-Legislative Own initiative report（INI）: Often used by the EP to request that the Commission put forward a Legislative Proposal. The Commission is not required to respond, but it exerts political pressure and the Commission only flouts EP wishes rarely. Since there are limits to the number of INI per Committee, before drawing up the Report, the responsible EP Committee must obtain authorisation from the EP s Conference of Presidents who will check the limits are respected. INI is easier to adopt than INL（see above）as it requires a simple majority of the votes cast（compared to a majority of the EP s component Members）. Another difference is that in a INI the EP is not requested to attach a draft of the proposed legislation.]

（立法）报告：用于表达欧议会对欧委会所提出法案的立场。它由欧议会相关主管委员会任命的一名报告员起草。该报告通常包括对欧委会所提交法案的修正和一份立法决议的草案。（Legislative）Report: The EP position on a Commission Legislative Proposal. It is drawn up by a Rapporteur appointed by the competent EP Committee. The report includes amendments to the Commission s Legislative Proposal and a draft Legislative Resolution.

（动议）决议：欧议会任何议员或议员团体均可以起草的非立法性文件。目的是提高对某一问题的认识，并促使其他机构（通常是欧委会或欧理会）采取行动。若欧议会中就一个议题提出了多个决议时，议员间通常会通过协调达成一个妥协的决议文本，称为"联合决议案"。联合决议案将在欧议会全体会议上投票通过（或不通过）。(Motion for) Resolution: non-legislative document that any MEP or group of MEPs can draw up to raise awareness on a certain issue and prompt action from the other Institutions (usually Commission or the Council). When several Motions for Resolution are drawn up on the same topic, MEPs will try to reach a compromise Resolution called Joint Motion for Resolution . The Motion will then be adopted (or not) by the EP with a vote in Plenary.

书面提问：作为在议会辩论中向其他机构提出问题的另一种选择，议员（通常是一个小组或委员会）可以通过欧议会主席提交书面问题，相关机构必须在 6 周内作出答复，优先问题需在 3 周内答复。Question for Written Answer: as an alternative to asking a question to another Institution by means of a debate in the EP, an MEP (s) (or more rarely a Group or Committee) can submit a Written Question via the EP President. The Institution must respond in 6 weeks or 3 weeks in the case of a priority question .

（四）欧委会政策法律术语

法案：一项法案被受理，意味着条例、指令或决定的立法程序被启动。欧委会通过书面程序（由于内阁成员在会议前达成了协议，因此没有讨论文本）或口头程序（如果无法在内阁成员之间达成协议，则进行讨论）来决定是否采纳议案。如果要求投票，欧委会以简单多数决定。Legislative Proposal or Commission Proposal : The adoption of a Legislative

Proposal starts the process for a Regulation or a Directive or Decision. It is adopted by the College of Commissioners either by written procedure (i.e. the text is not discussed as an agreement has been found between cabinet members ahead of the meeting) or by oral procedure (with a discussion if it was not possible to find an agreement between cabinet members) . If a vote is requested, the Commission decides by simple majority。

　　绿皮书、白皮书：绿皮书是由欧委会发布的文件，目的是促进在欧洲层面上对特定主题的讨论。绿皮书通过促成有关各方（机构或个人）参与协商进程，进而带来立法方面的发展，并在此后正式写入白皮书；白皮书是包含了欧盟在特定领域行动建议的文件。在某些情况下，白皮书在绿皮书之后发表，以启动相关咨询程序。与绿皮书相比，白皮书更接近于正式的法案。白皮书的目的是与利益相关方、欧洲议会和欧理会展开有针对性的讨论，以达成政治共识。最近的例子包括关于外国补贴的白皮书和关于人工智能的白皮书。Green and White papers：Green Papers are documents published by the European Commission to stimulate discussion on given topics at European level. They invite the relevant parties (bodies or individuals) to participate in a consultation process on the basis of the proposals they put forward. Green Papers may give rise to legislative developments that are then formalised in White Papers. White Papers are documents containing proposals for European Union (EU) action in a specific area. In some cases, they follow on from a Green Paper published to trigger a consultation process. Compared to Green Papers they are closer to a formal legislative proposal. The purpose of a White Paper is to launch a targeted discussion with stakeholders, the European Parliament and the Council in order to arrive at a political consensus. Recent examples include White Paper on Foreign Subsidies and White Paper on AI.

决定：由欧委会发布的具有法律约束力的法案，对所涉实体（如欧盟国家或个别公司）具有约束力，并直接适用。Decision：Legally binding Act issued by the Commission that is binding for the entities to which it is addressed（e.g. an EU country or an individual company）and is directly applicable.

通讯：无法律约束力。作用是允许欧委会就一个热门问题提出其观点。可包括政策评价、对行动方案的评论或解释，或关于调整现行政策的未来政策或安排的简要概述。未来政策的方向通常是概括的。Communication：Not legally binding. Allows the Commission to set out its thinking on a topical issue. May include policy evaluations, commentary or explanations of action-programmes, or brief outlines on future policies or arrangements concerning adjustments of current policy. Direction of future policies usually set out in broad and general terms.

授权法案、实施法案：一项法律获得通过，需要对其进行更新，以反映特定领域的发展情况，或确保其得到适当实施。欧议会或欧理会可以分别独立授权欧委会，通过发布授权或实施法案来实现这一点。欧委会通常在与代表所有会员国的专家委员会磋商后通过授权和实施法案。这些委员会使欧盟国家能够监督和投入委员会的这一工作要素，这一程序在欧盟专业术语中称为欧委会体系。欧洲议会和理事会有权撤销授权或对该法案表示反对，并迫使委员会采取不同的路线（这种情况很少发生）。Delegated or Implementing Acts：Once an EU law is passed, it can be necessary to update it to reflect developments in a particular sector or to ensure that it is implemented properly. EP and Council can authorise the Commission to adopt Delegated or Implementing Acts, respectively, in order to do this. Delegated and Implementing acts are adopted by the Commission after it consults expert committees representing all Member States. These Committees enables EU countries to have oversight and input into this element of the Commission's work a procedure referred to in EU jargon as comitology. The EP and the Council have the right to revoke the delegation or express objections to the act and force the Commission to take a different route(it rarely happens).

（五）欧盟理事会政策法律术语

结论：结论文件通常在欧盟理事会会议辩论后通过。结论文件包含某一特定话题的政治立场，但不具有法律效力。欧理会结论（代表全体理事会）比理事会主席团结论更有分量，因为这些结论只表示主席的立场，而不是整个理事会的立场。并非所有主席团结论都具有同样的分量，这取决于主持会议的会员国的影响和层面。Conclusions：Adopted after a debate during a Council meeting. Contains a political position on a specific topic, without having legal effect. Council conclusions(issued by the entire Council)have more weight than Presidency Conclusions that express only the position of the presidency, and not the Council as a whole. Not all Presidency Conclusions have the same weight depending on the influence and dimension of the Presiding Member State.

理事会决议：不具有法律约束力。阐明在某一特定政策领域内所预见的未来工作。它可请欧委会提出建议或采取进一步行动。欧委会几乎不可避免地要承担起这一责任。Council Resolution：Not legally binding. Sets out future work foreseen in a particular policy area. It may invite the Commission to make a proposal or take further action. The Commission almost inevitably takes up this lead.

非文件：旨在激发对某一特定问题的辩论而不代表起草机构（通常是理事会主席团，甚至是成员国，但往往没有明确的归属）的非正式讨论文件。设法测试其他各方对可能的解决办法的反应，但不作出承诺。Non-paper：Informal discussion document designed to stimulate debate on a particular issue without representing the official position of the drafting Institution [usually the Council Presidency or even Member State（s）but often with no explicit attribution]. Seeks to test the reaction of other parties to possible solutions，without committing its proposer.

第七部分 总结与展望

"安危不贰其志，险易不革其心。"当前，中欧经贸合作空间依然巨大，双方若运作良好，双边关系发展前景依然广阔。总体看双方存在长期合作的战略条件，也存在共同合作的具体利益诉求，以及在合作形式上还有更加多元化的可能。中欧关系既有挑战，亦有机遇，中国与欧洲国家已经取得的合作成果更应赋予我们信心，坚持守正创新，积极探索中欧关系发展的新模式。

一、中欧双方务实合作的条件与基础依然稳固

中欧关系的重要性不仅在于彼此，更将影响全球的和平、发展与稳定。如何发挥好两大力量、两大文明、两大市场的作用，是中欧共同的使命和需要做好的功课。从中方角度来看，在内外双循环大战略下，中国继续推进高水平对外开放，这为中欧经贸与科技合作及文化和人文交流奠定了坚实基础。从欧方角度而言，尽管在俄乌危机背景下，欧洲战略自主受到负面冲击，但欧洲继续提升其国际独立性的意愿不会改变。虽然欧洲战略自主在一定程度上有针对中国的含义，但一定程度上也有益于国际力量的多极化、国际格局的均衡化和国际关

系的民主化，这为中欧双方在不受第三方势力影响下开展独立双边关系奠定了一定基础。因此，从战略角度来看，中欧双方在未来存在经济和战略层面进一步深入合作的可能性。

中国与欧洲国家之间的关系是中欧关系的基础和重要组成部分，稳定和深入友好的双边合作是从整体上带动中欧关系发展的重要基础。中国与法国、德国、荷兰、希腊、英国等欧洲国家建交已超过 50 年。长期以来，双边合作丰硕成果也是中欧关系的重要组成部分。未来一个时期，中欧要继续务实合作，夯实中欧关系中的国家间关系。欧洲存在二元权力结构，一方面有着超国家机构——欧盟，另一方面构成欧盟的各成员国保有一定主权，虽然《里斯本条约》后欧盟机构的权力不断扩大，但最终决定内外重大政策的仍是成员国的协商一致。这就是欧洲的特色。即便是已经脱离欧盟的英国，抑或处在谈判过程中的准入盟国家，也都与欧盟机构有着千丝万缕的联系。

未来一个时期，创造有利于中欧关系平衡互利发展的有利条件，关键还在于坚持守正创新，积极探索中欧关系的新模式。不仅中欧自身在变，中欧关系也在变。中欧之间确实存在竞争关系，但这并不应阻断我们的合作，反而更应该加强沟通交流，在竞争与合作关系中找到新的共赢点，构建新形势下中欧之间的相处之道。在这一点上，完全可以先与欧洲国家从双边层面着手去探索，充分发挥双边合作的能动性，进而积累经验进一步扩展到整个中欧合作。

此外，中欧关系的长期稳定发展还在于双方主动增进互信，避免地缘矛盾等外部因素对双方的干扰。应看到，在欧盟内部，尽管存在干扰因素，但很多欧洲国家仍然理性看待对华关系，少数国家妄图绑架整个欧洲的图谋并没有得逞，坚持对华合作仍然是欧洲的主流。只要中欧间正视分歧差异，就能有效管控中欧之间的摩擦。中欧之间的社会制度和发展道路不同，出现一些摩擦实属正常范围。中欧应该把因政治偏见而受损的互信修复起来，按照事情的是非曲直开诚布公地进行交流，合理管控彼此间分歧，避免战略误判。

二、深化经贸合作有利于中欧各自利益

中欧经贸关系长期以来保持健康稳定发展态势，双方合作互补性强，潜力巨大。本着务实合作的精神，已形成了互利共赢的良性发展格局。即便在地缘政治冲击、疫情叠加和全球经济下行的不利局面下，经贸合作仍然保持了稳中有增的势头，显示出强大的韧性，继续发挥着双边关系"压舱石"的重要作用。

作为中国重要的经贸合作伙伴，欧盟在中国的投资获益丰厚，未来中国市场的潜力仍然是欧盟企业的巨大机遇。同时，欧企通过在中国的长期耕耘已经打下了坚实的基础，获得了竞争力，赢得了良好口碑，这是企业的无形资产，将继续发挥效益创造价值。最后，在全球新冠疫情影响、供应链瓶颈、能源危机的多重冲击下，中国健全的工业体系、完备的供应链和丰富的人力资源仍然是欧企正常生产经营的重要保障，为企业长期稳定发展提供有力支撑。为此，欧洲经济界也不断表达维护和加强与中国合作的意愿，呼吁政府正视对华经贸合作的重要性，切实考虑欧盟经济的现实需求。

就欧方来看，目前正面临乌克兰危机延宕、经济增长乏力、通胀与债务危机持续、区域发展不平衡困局、成员国矛盾分歧难消等一系列问题的持续掣肘。特别是在能源价格高昂、家庭购买力下降、外部

环境疲软和融资条件收紧下，欧盟、欧元区和大多数欧盟成员国经济都难以在短期内出现明显的快速复苏。而作为长期经贸合作伙伴，与中国的经贸合作对稳定和提升下行的欧洲经济具有极为重要的意义。无论是在贸易领域进口中国物美价廉的商品压低日用品物价，还是通过对华投资拓展海外市场，中欧经贸合作对于欧盟内部的经济稳定发展意义重大。未来一个时期，尽管欧洲会继续采取关键领域的"脱钩"行动，但不可能在非关键领域谋求产业链断裂。欧洲需要中国市场的原因还在于在很大程度上，它与西方政治盟友的经贸关系并不能在短期内取代与中国的经贸关系，而且欧美之间还存在诸多市场冲突。

在对华经贸合作中，凡不涉及欧方敏感领域，中欧合作将继续保持稳定发展态势。在国际市场环境复杂多变的背景下，欧洲资本也存在适度的对华投资热情。在自贸区覆盖范围重叠的背景下，中欧对第三方市场的投资和商品贸易也能在一定程度上将中欧经贸关系拉拢到一起。随着全球疫情的逐步缓解，中欧双方经贸和人员交流的阻力日益减少。中国还可以采取一定政策措施来改善营商环境，这将进一步吸引包括欧洲在内的外国投资者，尤其是开放型经济体继续开拓中国市场。

三、中欧多层面交流合作将进一步回归理性务实

在政治及意识形态领域，虽然双方存在一定分歧矛盾，但双方在政治合作上仍有进一步增进交流互信的空间。2023 年是中欧建立全面战略伙伴关系 20 周年，中欧领导人密集互访、在国际事务上积极共同发声，即表明双方在增进互信方面具有共同诉求，政治层面的交流将为中欧未来合作奠定重要基础。2023 年也是中国—中东欧合作机制

第二个十年的开局之年，在世界百年未有之大变局加速演进的背景下，双方如何共同维护和夯实这一机制功能将可能成为中欧尤其是中国与中东欧国家共同思考和面对的话题。另外，面对旷日持久的俄乌冲突，中欧对如何结束这场冲突、如何防范该危机可能导致危及地区和全球安全事件的发生，以及解决危机带来的现实的或潜在的人道灾难、粮食危机和能源问题等，都可以进行双边和多边合作。

与此同时，也要做好意识形态斗争的必要准备。未来欧盟及其部分成员国很可能会在地缘政治和安全领域对我国发起挑战。对此，我国需对欧采取合作与斗争两手准备，以最大的诚意寻求合作，但应对危害我国核心和安全利益的行动进行坚决斗争，包括采取必要的经济、外交和安全领域的多重手段，以及在双边和多边层次准备反制措施，通过斗争维护和推动双边合作向前发展。

中欧战略性新兴领域政策协调与国际合作方兴未艾。中欧当前需要和可能开展治理合作的领域主要在气候变化、健康和绿色能源等几个方面。中欧在气候变化领域具有较大利益诉求差距，但在整体的减排和维护绿色生态等全球目标上具有共同立场。鉴于欧盟寻求在气候变化领域的主导地位，而中国在帮助实现全球减排目标上具有重要地位，这促使欧盟将进一步寻求和中国在该领域的合作与支持。在健康领域，随着后疫情时代的到来，双方可在协调双边人员流动的管控措施外，就加强世卫组织的功能和效率，促进疫苗开发、生产、使用方面的全球合作，及援助落后国家方面进行一定合作。此外，受到能源危机的影响，欧盟正在加速推进能源转型，在太阳能板的生产和投资、锂电池生产和绿色能源开发领域，以及为促进欧洲能源来源多样化而进行的基础设施建设等领域，中欧可以进行协调与合作。

参考文献

中文文献:

［1］姚铃，秦磊．欧盟新贸易政策及其对中欧经贸关系的影响．国际贸易［J］，2021．

［2］吴昊，杨成玉．欧盟"全球门户"战略及其对"一带一路"倡议的影响．国际问题研究［J］．2022．

［3］石坚，张璐．角色理论视角下"欧洲的德国"及对中欧关系的影响［J］．社会科学研究，2022．

［4］张晓通．欧盟在中美欧经贸大三角中的"借力型战略"［J］．欧洲研究，2004年第11期．

［5］程新章．国际生产体系的变革、可持续发展与中国利用外资战略的选择［J］．世界经济研究，2005年第8期．

［6］程新章．跨国公司对外投资模式选择的经济学分析［J］．新疆大学学报，2003年第8期．

［7］代中强．中国企业对外直接投资动因研究——基于省级面板数据的分析［J］．山西财经大学学报，2008年第11期，29-35．

［8］方开泰．有序样品的一些聚类方法［J］．应用数学学报，1982，（5）．

［9］冯彩，蔡则祥．对外直接投资的母国经济增长效应——基于中国省级面板数据的考察［J］．经济经纬，2012年第6期．

［10］冯春丽．跨国公司股权进入模式的博弈分析［J］．国际贸易问题，2006年第9期．

［11］傅梦孜．世界直接投资——发展、理论与现实［M］．时事出版社，1999．

［12］高敏雪，李颖俊．对外直接投资发展阶段的实证分析：国际经验与中国现状的探讨［J］．管理世界，2004年（1）：55-61．

［13］何慧书，吴江．跨国并购与绿地投资的选择——兼论东道国FDI政策取向［J］．经济师，2006年第8期．

［14］何龙斌．发达国家促进企业海外投资的经验及启示［J］．商业时代，2008（17）．

［15］胡峰，余晓东．跨国并购和新设投资的比较——一个经济学分析框架［J］．财经研究，2003年第2期．

［16］黄静波，张安民．中国对外直接投资主要动因类型的实证研究——基于1982—2007年的外向投资流向分析［J］．国际经贸探索，2009年第7期，4-10．

［17］江小娟，杜玲．国外跨国投资理论研究的最新进展．世界经济［J］．2001（6）：71-77．

［18］姜岩．跨国公司市场进入战略研究——兼评中国企业进入国际市场战略［J］．财经问题研究．2000年第1期．

［19］李辉．经济增长与对外投资大国地位的形成［J］．经济研究，2007（2）．

［20］李辉．经济增长与对外投资大国地位的形成［J］．经济研究，2007年第2期，38-47．

［21］李梅，金照林．国际R＆D吸收能力与对外直接投资逆向技术溢出——基于我国省际面板数据的实证研究［J］．国际贸易问题，2010第10期，124-136．

［22］李珮璘．新兴经济体对外直接投资理论研究评述［J］．上海经济研究，2009年第10期．

［23］李平，徐登峰．中国企业对外直接投资进入方式的实证分析［J］．国际经济合作，2010年第5期．

[24] 李元旭，周瑛. 跨国公司进入模式决策的影响因素分析及启示——基于知识转移的观点 [N]. 对外经济贸易大学学报，2006 年第 5 期.

[25] 李子豪，刘辉煌. 外商直接投资的环境门槛效应研究——中国省级数据的检验 [J]. 管理评论，2013 第 9 期，108-116.

[26] 李子奈. 计量经济学应用研究的总体回归模型设定. 经济研究 [J]. 2008，（8）.

[27] 梁军，谢康. 中国"双向投资"的结构：阶段检验与发展趋势 [J]. 世界经济研究，2008 年第 1 期.

[28] 林季红. 试论国际生产折衷理论的发展 [J]. 中国经济问题，2006 年第 4 期.

[29] 刘非，李建华. 中国对外直接投资的区域均衡分析 [J]. 国际贸易，2007 年第 10 期.

[30] 刘红忠. 中国对外直接投资的实证研究及国际比较 [M]. 上海：复旦大学出版社，2001.

[31] 刘清，郑胜利. 国际代工生产方式下 OIL 范式变化研究 [N]. 福建师范大学学报（哲学社会科学版），2009 年第 4 期.

[32] 刘锡良，董青马. "走出去"战略中我国企业金融风险分担机制研究 [J]. 国际贸易，2013 年第 1 期.

[33] 刘晓宁. 企业国际市场进入模式选择研究现状述评 [J]. 工业技术经济，2006 年 10 月.

[34] 卢进勇，闫实强. 中国企业海外投资模式比较分析 [J]. 研究与探索，2005 年第 3 期.

[35] 尼尔逊. 美国工业的兼并运动：1895—1956[M]. 美国：普林斯顿大学出版社，1959 年.

[36] 彭刚，苑生龙. 对外直接投资发展周期定位与总体模型 [J]. 经济学动态，2013 年第 2 期.

[37] 邱畅. 海尔与华为跨国经营模式的对比分析 [J]. 商场现代化，2009（10）.

［38］邱立成，王凤丽．我国对外直接投资主要宏观影响因素的实证研究［J］.
国际贸易问题，2008 第 6 期，78~82.

［39］邱立成，于李娜．跨国公司进入中国市场模式及影响因素分析［J］. 南
开经济研究，2003 年第 4 期．

［40］商务部，国家统计局，国家外汇管理局．2003—2012 年度《中国对外
直接投资统计公报》.

［41］商务部．中外对外直接投资合作政策比较［M］. 中国商务出版社，
2009.

［42］田晓霞．试论我国企业海外投资风险防范［J］. 中国科技博览，2009 年
第 9 期．

［43］王碧珺．被误读的官方数据——揭示真实的中国对外直接投资模式
［J］. 国际经济评论，2013 年第 1 期．

［44］王国顺，郑邓芳．对外直接投资进入模式选择的时间序列分析［J］. 企
业家天地，2006 年第 11 期．

［45］王谦，孙远．中国企业国际化的进入模式研究——基于获取创造性资
产的角度［J］. 经济论坛，2010 年 12 月．

［46］王谦．中国企业技术寻求型跨国并购研究［M］. 北京：经济科学出版
社，2010.

［47］王玉宝．关于我国中小企业对外直接投资的思考［J］. 经济问题，2008
第 3 期．

［48］韦军亮，陈漓高．政治风险对中国企业走出去的影响——基于面板数
据的实证研究［N］. 浙江工商大学学报，2009 年第 3 期．

［49］温晓春．对中小企业跨国经营几个问题的认识［J］. 山东经济战略研究，
2009 年第 5 期．

［50］吴栋．中国企业如何选择对外直接投资进入模式［N］. 国际商报，2010
年 9 月 9 日第 010 版．

英文文献：

［1］Abdul-Aziz, A. -R. （1995）Examination of the eclecticparadigm as applied to international contracting—withemphasis on the internalization dimension. Engineering, Construction and Architectural Management, 2（2）, 105–20.

［2］Agarwal, S. and Ramaswami, S. （1992）Choice of foreign market entry mode: impact of ownership, location and internalization factors. Journal of International Business Studies, 23（1）, 1–27.

［3］Agarwal, Sanjeev & Srindhar N. Ramaswani. 1992. Choice of foreign market entry mode: Impact of ownership, location and internalization factors. Journal of International Business Studies, 23: 1-27.

［4］Ahmad Arslan & Jorma Larimo, Greenfield Investments or Acquisitions: Impacts of Institutional Distance on Establishment Mode Choice of Multinational Enterprises in Emerging Economies. Journal of Global Marketing, 24: 345–356, 2011.

［5］Aliber, R. 1970. A Theory of Foreign Direct Investment. In C. P. Kindleberger, The international corporation. Cambridge: MIT Press.

［6］Anderson, Erin M. & A. T. Coughlan. 1987. International market entry and expansion via independent or integrated channels of distribution. Journal of Marketing, 51: 71-82.

［7］Arora, A. and Fosfuri, A. （2000）Wholly owned subsidary versus technology licensing in the worldwide chemical industry. Journal of International Business Studies, 31（4）, 555–572.

［8］Artur Klimek. Greenfield Foreign Direct Investment Versus Cross-Border Mergers and Acquisitions. Eastern European Economics, vol. 49, no. 6, November–December 2011, pp. 60–73.

［9］Ashley, D. B. and Boner, J. J.（1987）POILtical risks ininternational construction. Journal of Construction Engineering and Management, 113（3）, 447-465.

［10］Bakema, Harry G., John H. J. Bell & Johannes M. Pennings. 1996. Foreign entry, cultural barriers and learning. Strategic Management Journal, 17: 151-66.

［11］Belsley, D. A., Kuh, E., &Welsch, R. E.（1980）. Regression diagnostics: Identifying influential data and sources of collinearity. NewYork, NY: Wiley.

［12］Brouthers, K., & Hennart, J. -F.（2007）. Boundaries of the firm: Insights from international entry mode research. Journal of Management, 33（3）, 395-425.

［13］Buckley, P. J & Robert D. Pearce. 1979. Overseas production and exporting by the world's leading enterprises. Journal of International Business Studies, 10（1）: 9-20.

［14］Buckley, P. J. and Casson, M. C.（1998）Analyzing foreignmarket entry strategies: extending the internalization approach. Journal of International Business Studies, 29（3）, 539-62.

［15］Casson, Mark. 1985. Multinational monopOILes and international cartels. In P. J. Buckley & Mark Casson, The economic theory of the multinational enterprise. London: Macmillan.

［16］Chuan Chen, Entry mode selection for international construction markets: the influence of host country related factors. Construction Management and Economics（March 2008）26, 303-314.

［17］Dunning, J. H.（1977）'Trade, Location of Economic Activity and MNE. A Search for an Eclectic Approach', in B. Ohlin, P. O. Hesselborn and P. M. Wijkman（eds.）The International Allocation of Economic Activity, London: MacMillan, pp. 395-418.

［18］Dunning, J. H.（1993）The Globalization of Business, London: Routledge.

［19］Dunning, J. H., & Lundan, S.（2008）. Multinational enter-prises and the global economy（2nd ed.）. Cheltenham, UK: Elgar.

［20］Dunning, J. H. and Dilyard, J., Towards a General Paradigm of Foreign Direct and Foreign PortfOILo Investment, Transnational Corporations, 1999, 8（1）, P. 1 52.

［21］Dunning, J. H., Alliance Capitalism and Global Business. London and New York: Routledge, 1997.

［22］Dunning, J. H., ªRelational Assets, Networks and International Business Activity, University of Reading Discussion Papers in International Investment and Management, No. 288, June 2001.

［23］Dunning, J. H., Kim, C. and Lin, J. D., Incorporating Trade Into the Investment Development Path: ACase Study of Korea and Taiwan, Oxford Development Studies, 2001 forthcoming.

［24］Dunning, J. H., Reappraising The Eclectic Paradigm in the Age of Alliance Capitalism, Journal of International Business Studies, 1995b, 26 （3）, pp. 461-93.

［25］Dunning, J. H., The Eclectic Paradigm as an Envelope for Economic and Business Theories of MNE Activity, International Business Review, 2000b, 9（1）, pp. 163-90.

［26］Dunning, J. H., The Eclectic Paradigm of International Production; A Personal Perspective, in C. N. Pitelis and R. Sugden, eds, The Nature of the Transnational Firm. London and New York: Routledge, 2000a, pp. 119-39.

［27］Dunning, J. H., What's Wrong and Right With Trade Theory, International Trade Journal, 1995a, 9（2）, pp. 153-202.

［28］Dunning, John H. 1980. The location of foreign direct investment activity, country characteristics and experience effects. Journal of International Business Studies, 11: 9-22.

[29] Eicher, T., Kang, J. W., 2005. Trade, foreign direct investment or acquisition: optimal entry modes for multinationals. Journal of Development Economics 77(1), 207–228.

[30] Gordon, R. G. (2005) Ethnologue: Languages of the World, Dallas, TX: SIL International.

[31] Harzing A (2002), "Acquisitions Versus Greenfield Investments: International Strategy and Management of Entry Modes", Strategic Management Journal, Vol. 23, No. 3, pp. 211-227.

[32] Harzing, A. W. (2002). Acquisitions versus greenfield investments: International strategy and management of entry modes. Strategic Management Journal, 23 (3), 211-227.

[33] Harzing, A. W. (2002). Acquisitions vs. greenfield investments: International strategy and management of entry modes. StrategicManagement Journal, 23 (3), 211–227.

[34] Hennart J F and Park Y R (1993), "Greenfield Versus Acquisition: The Strategy of Japanese Investors in the United States", Management Science, Vol. 39, No. 9, pp. 1054-1070.

[35] Hennart, J. F. & Park, Y. R. (1993). Greenfield vs. acquisition: The strategy of Japanese investors in the United States. Management Science, 39 (9), 1054-1070.

[36] Hennart, J. F. (1991). The transaction costs theory of joint ventures: An empirical study of Japanese subsidiaries in the United States. Management Science, 37 (4), 483-497.

[37] Hennart, J. F., & Park, Y. R. (1993). Greenfield vs. acquisition: The strategy of Japanese investors in the United States. Management Science, 39 (9), 1054–1070.

［38］Hennart, J. F., Kim, D. J., &Zeng, M.（1998）. The impact of joint venture status on the longevity of Japanese stakes in U. S. manufacturing affiliates. Organization Science.

［39］Hennart. J. F., & Reddy, S.（1997）. The choice between mergers/ acquisitions and joint ventures: The case of Japanese investors in the United States. Strategic Management Journal. 1-12.

［40］Horn, H., Persson, L., 2001. The Equilibrium Ownership of An International OILgopoly. Journal of International Economics 53（2）, 307–333.

［41］Huizinga, H., Nielsen, S. B., 1997. Capital Income And Profit Taxation With Foreignownership of firms. Journal of International Economics 42（1–2）, 149–165.

［42］Huizinga, H., Voget, J., 2009. International Taxation And The Direction And Volume Ofcross-Border M&As. Journal of Finance 64（3）, 1217–1249.

［43］J. H. Dunning, ed., Regions, Globalization and the Knowledge Based Economy. Oxford: Oxford University Press, 2000, pp. 131 69.

［44］Johannes Becker&Clemens Fuest, Tax competition — Greenfield investment versus mergers and acquisitions. Regional Science and Urban Economics 41（2011）476–486.

［45］Johanson, J., & Vahlne, J. E.（1977）. The international process of the firm: A mode! of knowledge development and increasing foreign market commitment. Journal of International Busines. s Studies. 8（Ⅰ）, 23-32.

［46］John H. Dunning, The Eclectic（OIL）Paradigm of International Production: Past, Present and Future. Int. J. of the Economics of Business, Vol. 8, No. 2, 2001, pp. 173-190.

［47］Kehoe, P., 1989. POILcy Cooperation Among Benevolent Governments May Be Undesirable. The Review of Economic Studies 56（2）, 289–296.

［48］Kobrin，S. J.（1991）. An Empirical Analysis of The Determinants Of Global Integration. Strategic Management journal，12，17-31.

［49］Kogut B and Singh H（1988），"The Effect of National Culture on the Choice of EntryMode"，Journal of International Business Studies，Vol. 19，No. 3，pp. 411-432.

［50］Kogut，B.，& Singh，H.（1988）. The Effect of National Culture On The Choice Of Entry Mode. Journal Of International Business Studies. 19（3），411-432.

［51］Lazear，E. P.（1999）"Culture and Language"，Journal of POILtical Economy，107（6）：S95–S126.

［52］Luo，Y.（2001）. Determinants of entry in an emerging economy：A multilevel approach. Journal of Management Studies，38（3），443–472.

［53］Luo，Y. and Shenkar，O.（2006）"The Multinational Corporation as a Multilingual Community：Language and Organization in a Global Context"，Journal of International Business Studies，37（3），321–39.

［54］Mathews，J.（2006）. Dragon multinationals：New players in 21st century globalization. Asia Pacific Journal of Management，23（1），5–27.

［55］Melitz，J.（2008）"Language and Foreign Trade"，European Economic Review，52：667–99.

［56］Meyer，C. B.，& Altenborg，E.（2008）. Incompatible strategies in internationalmergers：The failedmerger betweenTelia and Telenor. Journal of International Business tudies，39（3），508–525.

［57］Meyer，K.，Estrin，S.，1999. Entry Mode Choice In Emerging Markets：Greenfield，Acquisition，And Brownfield. CEES Working Papers No. 18.

［58］Neary，J. P.，2007. Cross-Border Mergers As Instruments Of Comparative Advantage. The Review of Economic Studies 74（4），1229–1257.

［59］Nocke，V.，Yeaple，S.，2007. Cross-Border Mergers And Acquisitions Vs. Greenfield Foreign Direct Investment：the role of firm heterogeneity.

Journal of InternationalEconomics 72 (2), 336–365.

[60] Paula Neto, António Brandão and António Cerqueira, The Macroeconomic Determinants of Cross-Border Mergers and Acquisitions and Greenfield Investments. The IUP Journal of Business Strategy, Vol. VII, Nos. 1 & 2, 2010.

[61] Peng, M. W. (2003). Institutional transitions and strategic choices. Academy of Management Review, 28 (2), 275–296.

[62] Peng, M., & Khoury, T. A. (2009). Unbundling the institution based view of international business strategy. In A. Rugman (Ed.), The Oxford handbook of internationalbusiness (2nd ed., pp. 256–268). NewYork, NY: Oxford University Press.

[63] Peter Rodriguez, Klaus Uhlenbruck and Lorraine Eden, Government Corruption And The Entry.

[64] Root, Franklin R. 1987. Entry strategies for international markets. Lexington, MA: Lexington Books.

[65] Rugman, Alan M. 1981. Inside the multinationals: The economics of internal markets. London: Groom Helm.

[66] Shai k Hebous, Martin Ruf, and Alfons J. Weichenrieder, The Effects Of Taxation On The Location Decision Of Multinational Firms: M&A Versus Greenfield Investments. National Tax Journal, September 2011, 64 (3), 817–838.

[67] Slangen, A., and J. -F. Hennart 2007. "Greenfield or Acquisition Entry: A Review of the Empirical Foreign Establishment Mode Literature. " Journal of international management 13, No. 4: 403–429.

[68] Tatoglu, E., & Glaister, K. W. (1998). Westem MNCs' FDI in Turkey: An analysis of location specific factors. Management International Review, 38 (2), 133-159.

[69] Taylor, P., & Lowe, J. (1997). Are functional assets or knowledge

assets the basis of new product development performance? Technology Analysis & Strategic Management.

[70] Teece, D. J. (1986). Profiting From Technological Innovation: Implications for Integration, Collaboration, Licensing And Public POILcy. Research POILcy, 75 (6), 285-305.

[71] Thomas Müller, Analyzing Modes of Foreign Entry: Greenfield Investment versus Acquisition. Review of International Economics, 15 (1), 93–111, 2007.

[72] UNCTAD, World Investment Report, 1991-2013.

[73] W. Travis Selmier II & Chang Hoon Oh, The Power of Major Trade Languages in Trade and Foreign Direct Investment. Review of International POILtical Economy, 2013 Vol. 20, No. 3, 486–514.

[74] Wemerfelt, B. (1984). A Resource-Based View of The Firm. Strategic Management Joumal, 5 (2), 171-180.

[75] White H (1980), "A Heteroscedaticity-Consistent Covariance Matrix Estimator and a Direct Test for Heterocedasticity", Econometrica, Vol. 48, No. 4, pp. 149-170.

[76] Yung-Ming Cheng, Determinants of FDI Mode Choice: Acquisition, Brownfield, and Greenfield Entry in Foreign IVIarkets. Canadian Journal of Administrative Sciences Revue canadienne des sciences de l'administration 23 (3)9 (3), 382–395. 9 (4), 473-488.